傅

与自己要安，与别人要化

与自然要乐，与大道要游

解读《老子》

傅佩荣

——

著

· 修订版 ·

人民东方出版传媒
People's Oriental Publishing & Media
东方出版社
The Oriental Press

作者寄语

《老子》一书，是道家思想之创始。全书八十一章之中，最难理解的是探讨"道"概念的部分。譬如第一章的"道，可道，非常道"，就让人觉得难以捉摸。暂时搁下类似的章节，我们可以读到许多名言警句，为人生带来深刻的启示，譬如"知人者智，自知者明""千里之行，始于足下""知足不辱，知止不殆"等。

然而，《老子》一书造成了如此大的普世影响，令海德格尔这样的西方哲学家也大为叹服，并曾尝试将其译为德文；试问它所凭借的是什么？正是有关"道"的那些语句。因此，我在解读《老子》时，不愿避重就轻，而特别针对其中"道"的部分详加讨论。本书的特色即在于此。

本书于2003年初次印行之后，我几乎每年都要重讲一次《老子》，累积了不少教学相长的心得。现在增订再版，我自然要毫无保留地将这些心得加入在内。我们定期阅读经典，是要以经典为标杆，测试自己心灵成长的速度是否够快，方向是否正确。能够定期与老子这样的智慧长者交谈与请益，实为人生幸事，我们又怎能错过？《老子》的思想确实深奥难解，但偶有一点体悟即可照亮人生，使我们相信"道大，天大，地大，人亦大"并非虚语。

为方便读者查询，本书特收录王弼的《老子注》与《老子指略》两篇于附录中。

傅佩荣

2012 年 4 月

目　录

上篇　道经

下篇　德经

老子其人其书

我们手边这一本《老子》，又名《道德经》。司马迁（前145—前86）在《史记》中写到它的作者时，是列在《老子韩非列传》中。以上简单的两句话，就可能引起不少误解。

首先，《老子》又名《道德经》，但是内容与世人所谓的"仁义道德"完全无关，亦即所论并非伦理学的题材。以王弼（226—249）所注的版本为例，《老子》分为上下两篇，先论"道可道，非常道"，后论"上德不德，是以有德"；于是遂有《道经》（第一章至第三十七章）与《德经》（第三十八至第八十一章）两篇，合称《道德经》。

其次，《史记》卷六十三以"老子、韩非"并列为传，其实所述还包括庄子（前369—前286）与申不害（前385—前337）。韩非（前280—前233）是法家代表，著作中有《解老》与《喻老》两篇，发挥老子的部分思想。司马迁认为韩非"喜刑名法术之学，而其归本于黄老"，最后又总结说："韩子引绳墨，切事情，明是非，其极惨礉少恩，皆原于道德之意，而老子深远矣。"老子的思想当然比韩非深远，但是韩非"自认为"并且"使别人认为"他在推广老子的学说，以致老子的真面目反而模糊难辨。这不能不说是老子的不幸啊！

关于《老子》一书的作者，亦即"老子"此人，司马迁说："老子者，楚苦县厉乡曲仁里人，姓李氏，名耳，字聃，周守藏室之史也。"老子是周朝管理文书档案的官，学问与见解应该具有一定水平。根据孔子（前551—前479）曾经向老子请教礼仪一事来看，老子应该也是春秋时代的人，年龄比孔子稍长。孔子听了老子的一番训勉之后，对弟子说："吾今日见老子，其犹龙邪！"所谓"龙"，描写他是"乘风云而上天"，并非年轻时的孔子所能理解。老子眼见周朝衰颓，决定西出函谷关，准备隐居，守关的官员请他留下作品。"于是老子乃著书上下篇，言道德之意五千余言而去，莫知其所终。"

事实上，老子是以《老子》一书而对后代产生重大影响，并且此书与老子的生平际遇并无密切关系。换言之，"老子写了什么？"要比"老子是谁？"更为重要。那么，老子写了什么呢？今日通行的是王弼注的版本，而王弼上距老子的年代也有七八百年，谁能担保这段期间的传抄与刻印都没有问题呢？

1973 年，湖南长沙马王堆的汉墓，出土了一大批帛书，其中就有《老子》的帛书甲本与乙本。这两个版本大同小异，都是《德经》在前而《道经》在后，并且没有分章。1993 年湖北荆门郭店村战国楚墓又出土了许多竹简，其中有三种《老子》的摘抄本，分为甲、乙、丙三组。摘抄本的字数只有通行本的三分之一，并且丙组中的文句较为接近帛书本与通行本。专家认为，甲组较为接近《老子》祖本，它的抄写年代距离老子逝世"可能"只有一百多年。换言之，目前所能找到的断简残篇，离作者老子本人也有一百多年了。既然如此，我们在依据最新出土的资料修订《老子》通行本的同时，还是要将焦点置于老子学说的阐释上。

在探讨老子学说时，会发现材料最多的是历代的注解与引申。从最早的庄子、韩非等人，经过河上公（两汉之际的养生家）、王弼，甚至唐玄宗这位帝王，以及宋朝的王安石、苏辙、朱熹等人，无不发表心得，增益老学。但是，《老子》似乎是一面镜子，人们总能借它照见自己的长相，而未必说得清楚它原来的用意是什么。老子是道家的创始者，他所谓的"道"，是指"真实"（更好的说法是"究竟真实"）而言，亦即要将人生依托在永恒不变的基础上，再由此观照人间，安排适当的言行方式。他在儒家之外，另外开辟了一条路，并且是更为宽广的路。奈何天下人却难以体认他的美意。他说："吾言甚易知，甚易行。天下莫能知，莫能行。"（第七十章）我们不妨欣然接受此一邀请与挑战，一起认真研读《老子》。

傅佩荣

以智慧取胜的老子

老子说："吾言甚易知，甚易行。天下莫能知，莫能行。"（第七十章）为什么老子认为自己的说法既容易了解又容易实践，但是天下人却没有办法了解，也没有办法实践呢？答案是：老子的智慧太高了。

"智慧"其实无所谓高低，它像是一道门槛，只有跨过去与跨不过去的问题。一旦跨过去，就觉悟了，就豁然开朗，从此月白风清，无所粘滞，可以解脱自在，也可以逍遥自得。庄子的表现不正是如此吗？

道家由老子开创，并由庄子发展，所形成的思想及影响可以同儒家分庭抗礼，在深度与广度上则更有过之。关于儒家与道家的差异，大致有以下三点：

一、儒家以人为中心，强调人之社会性；道家不以人为中心，重视人之自然性；

二、儒家以天为至高存在，突显历史背景；道家以道为至高存在，展现宇宙视野；

三、儒家企盼天人合德，人须行善以求至善；道家向往与道合一，人需智慧以求解脱。

综合看来，这两大哲学系统的架构是相似的，都是肯定人生应该不断体现更高的价值。儒家的目标是"止于至善"，但是行善要靠政治、社会、教育各方面的条件配合，而天下治少乱多，即使像孔子一样"知其不可而为之"，依然难免于遗憾。道家采取釜底抽薪之计，突破人类中心的格局，从永恒的与无限的层面来观察，发现一切造作都是无谓的盲动与执著，不如点破而化解之，以无心的态度顺其自然。

所谓"道"，是指"究竟真实"而言，亦即万物的始源与归宿，万物的基础与动力来源。这样的道，当然超过人类认知的能力及表述的范围，所以说："道，可道，非常道。"（第一章）又说："知者不言，言者不知。"（第五十六章）既然如此，那么老子又是如何知道的？他凭借的是"致虚极，守静笃"（第十六章），意思是：追求

"虚"，要达到极点；守住"静"，要完全确实。靠着虚与静，无异于排除感官与认知的分辨作用，化解欲望与行动的具体作为，然后再觉悟那由道而来的"永恒的与无限的层面"。依此观之，万物的变化不再使人困扰，万物的有限也不再使人遗憾。从体验"真实"出发，可以抵达"审美"之境，因为心灵敞开，无所不容，天下又岂有不可欣赏之人，又岂有难以欣赏之物？

《老子》向来是一本难解的书，而其关键即在于"道"字：一方面，道是无所不在的，而"德"是万物"得之于道者"，所以说"道生之，德畜之"（第五十一章）；另一方面，道又与万物截然不同，因为它"独立而不改，周行而不殆"（第二十五章）。这两种性质可以分别称为"内存性"与"超越性"，亦即：道是既超越又内存的。掌握了这一点，才可进而发挥老子的无为观与自然观。譬如，何以无为？因为"无为而无不为"（第三十七章），人又何必自寻烦恼？又如，何谓自然？"自然"即是自己如此，一切本来就会走上正途，合乎道的运作模式。

我在解读《老子》时，主要的根据是自己研习中西哲学四十余年的心得。"哲学"的原意是"爱好智慧"，因而对于老子的智慧，自有相契之处。当然，我参考了许多专家的研究成果。历代的注家姑且不论，当代的学者即包括了朱谦之、严灵峰、张舜徽、任继愈、陈鼓应、刘笑敢等先生。白话译文，求其通顺畅达；注解部分，专就关键概念加以解析，并且把《庄子》中引述的语句也附录于后，以兹对照。我在近年致力于解读儒家与道家的经典著作，虽然辛苦但获益良多，并且更能深切体认固有文化之真、之善、之美。

傅佩荣

上篇 道经

第一章

道，可道，非常道

道，可道，非常道；

名，可名，非常名。

无名，万物之始；

有名，万物之母。

故常无欲，以观其妙；

常有欲，以观其徼 (jiào)。

此两者同出而异名，同谓之玄。

玄之又玄，众妙之门。

[白话]

　　道，可以用言语表述的，就不是永恒的道；名，可以用名称界定的，就不是恒久的名。名称未定之前，那是万物的起源；名称已定之后，那是万物的母体。因此，总是在消解欲望时，才可看出起源的奥妙；总是在保存欲望时，才可看出母体的广大。起源与母体，这二者来自一处而名称不同，都可以称为神奇。神奇之中还有神奇，那是一切奥妙的由来。

[解读]

① 　"道"是老子的核心概念，所代表的是"究竟真实"。人的言语所能表述的，都是相对真实，亦即充满变化的事物。因此，永恒的道是不可说的。不可说，甚至不可思议，但是却"非存在不可"，因为若无究竟真实，则这一切由何而来又往何而去，然后人生难免沦于幻象或梦境。老子揭示"道"的存在，是为了化解虚无主义，超越相对价值，使人的生命获得真正的安顿。

② 　由此可知，全书所用"道"字有二义："可道之道"与"常道"。"可道之道"是勉强使用的词，如"吾不知其名，强字之曰道"（第二十五章）。"常道"才是真正的道，它

是恒存的，但亦有活动与效用，如"反者道之动，弱者道之用"（第四十章），并且，"周行而不殆"（第二十五章），循环运行而不止息，如此才可作为万物的来源与归宿。至于其他的组合词，如"天之道""圣人之道""人之道"，则指规律或作风而言。

③ 为何在谈"道"之后立即谈"名"？道本身不需要言说与思虑，但是努力悟道的是人，若无言说与思虑，则无从学道，所以必须随之谈"名"。"名"是名称或概念，是言语及思想的基本单位。"名以指实"，名称是用来指涉真实之物的，其作用为符号或象征，因此有调整及改变的空间。针对永恒的道，人的思想可以觉悟恒久的名，但是一经界定落实，就成为相对的名。以下所论之"名"，皆指相对的名而言。

④ "无名"与"有名"，在此是针对人的认识作用及过程而言。无名代表万物的始源，是思想无法企及的阶段；有名代表万物的母体。"母"字表示有母必有子，思想由此领悟了：万物如何配合名称——呈现。在字句上，以"无名，万物之始"取代"无名，天地之始"，这是依帛书本《老子》而改；并且王弼的注未曾提及"天地"一词，他说的也是万物，"未形无名之时，则为万物之始"。再者，"无名，万物之始；有名，万物之母"的说法也较合乎逻

辑，不必面对像"天地是否有名"或"天地与万物有何关系"之类的复杂问题。《老子》有"道常无名……始制有名"（第三十二章），"无名之朴"（第三十七章）"道隐无名"（第四十一章）的说法，因此，这句话不可断句为"无，名万物之始；有，名万物之母。"

⑤ "无欲"与"有欲"，是针对人的意志欲求而言。许多学者认为老子不可能主张"有欲"，因而反对这种断句。事实上，"欲"随"知"而生，有正确的"知"，就有正确的"欲"，所以老子赞成大国与小国"各得其所欲"（第六十一章），而圣人"欲上民""欲先民"也都是好事（第六十六章）。其次，帛书本的断句是"恒无欲也……恒有欲也"，王弼注本亦如此断句。然后，"以观其妙"与"以观其徼"，这里的两个"其"字，皆指万物而言，但分别指涉前面所说的"始"与"母"。人在"无欲"时，可以契合"无名"之境，进而观照始源的奥妙。人在"有欲"时，可以配合"有名"的状态，然后观照母体的广大无边。"徼"可以解为明白开显、空虚能受、归趋之处、所及边际等。老子也说过"常无欲，可名于小"（第三十四章）。

⑥ "此两者"是指"始"与"母"，名虽不同而来源相同，亦即都来自神奇的"常名"。常名再往上推溯，亦即玄之又玄，则是作为众妙之门的"道"了。如此注解，则全章

解读《老子》

首尾呼应，层次井然。中间的"无名、有名"与"无欲、有欲"，是分别就人的认知与欲望而言。《老子》全书的后续各章依此充分发挥其理。

⑦ 本章断句，不以"无""有"为专门术语，理由有三：一、无与有是相互对立的概念，如"有无相生"（第二章），"有之以为利，无之以为用"（第十一章）；既然相互对立，就不能有先后的承启关系；二、涉及先后承启的，只有一章，"天下万物生于有，有生于无"（第四十章），但是有与无在此是指有形与无形而言，或指有名与无名而言，请参看相关部分的讨论；三、最重要的是，在历史上，首先在本章以"无"与"有"断句的是北宋的王安石（1021—1086）。依彭耜《道德真经集注》所辑引的王氏残注，他说："无，所以名天地之始；有，所以名其终，故曰万物之母。"依此所说，"无"是指天地之始，"有"是指天地之终，而天地之终即为万物之母。如此一来，是"天地生万物"而非"道生万物"，这并不合《老子》的基本观点。老子认为，天地与万物皆由"道"所生（参考第二十五章的讨论）。我们怎能以北宋王安石的断句取代西汉时的帛书《老子》与魏晋时王弼（226—249）的注本？

⑧ 有关"道"的描述，可参考第一章、第四章、第十四章、第二十一章、第二十五章、第四十二章等。

第二章

天下皆知美之为美

天下皆知美之为美，斯恶已；

皆知善之为善，斯不善已。

故有无相生，难易相成，

长短相形，高下相倾，

音声相和，前后相随。

是以圣人处无为之事，行不言之教。

万物作焉而不辞，

生而不有，为而不恃（shì），功成而弗居。

夫唯弗居，是以不去。

[白话]

天下的人都知道怎么样算是美，这样就有了丑；都知道怎么样算是善，这样就有了不善。所以，有与无互相产生，难与易互相形成，长与短互相衬托，高与低互相依存，音与声互相配合，前与后互相跟随。因此之故，圣人以无为的态度来处事，以不言的方法来教导。任由万物成长而不加以干涉，生养万物而不据为己有，作育万物而不仗恃己力，成就万物而不自居有功。正是因为不居功，所以功绩不会离开他。

[解读]

① 人间的价值判断是相对的：一方面，没有美就没有丑；另一方面，美之上还有更美，丑之下还有更丑，永远比不完。圣人明白这个道理，于是无所作为，缄默不语，让一切自行发展。

② "圣人"是指领悟了"道"的统治者，可以体现"道"的作为。在《老子》中，"圣人"一词出现了三十二次，在将近二分之一的篇章中使用了"圣人"与其同义语（我、吾等）。"万物"则包括人类社会在内，所以才有居功不

居功的问题。如果不居功，则功绩"无从"离开他，并且不必担心"有功就有过"这种相对价值观的干扰。

③ "有无相生"可以理解为：一、在概念上，说"有"时，知道它不是"无"；说"无"时，知道它不是"有"；两者若是分立，则两者都将不知所云；二、万物常在变化之中，所以现在"有"的，以前是"无"；现在"无"的，曾经是"有"；由将来看现在，亦复如此。换言之，有与无，在此并非西方哲学所谓的"存在本身"（Being）与"虚无"（Nothingness）。较合理的理解是："有"指有形之物，"无"指无形之物。

④ "美恶"并用时，"恶"指丑而言。"音声"则指乐（yuè）音与人声。"作焉而不辞"的"不辞"，在帛书乙本作"弗始"，古本则作"不为始"，有"不刻意造作""不加以干涉"之意。"无为"一词在本书有十见，其意并非只是字面上的"无所作为"，而是"无心而为"，不刻意去做任何事情。"无为"与"不言"并举，亦见于第四十三章。

⑤ 《庄子·应帝王》："明王之治：功盖天下而似不自己，化贷万物而民弗恃；有莫举名，使物自喜；立乎不测，而游于无有者也。"其意为：明王治理时，功劳广被天下，却好像与自己无关；教化普施万物，而百姓不觉得有所依赖；拥有一切但不能描述，使万物可以自得而喜；立足于神妙不测的地

解读《老子》

位，遨游于虚空无有之境。（白话译文，请参看《解读〈庄子〉》，东方出版社，2023 年）这段话生动描绘了"圣人"之治。另外，"生而不有，为而不恃"一语，亦见于第十章、第五十一章。

第三章

不尚贤，使民不争

不尚贤，使民不争；

不贵难得之货，使民不为盗；

不见（xiàn）可欲，使民心不乱。

是以圣人之治，

虚其心，实其腹；

弱其志，强其骨。

常使民无知无欲，

使夫知者不敢为也。

为无为，则无不治。

解读《老子》

[白话]

不推崇杰出的人才，人民就不会竞争较量；不重视稀有的商品，人民就不会沦为盗贼；不展示可欲的事物，人民的心思就不会被扰乱。因此之故，圣人在治理人民时，要简化他们的心思，填饱他们的肚子；削弱他们的意志，强化他们的筋骨。总是要让人民没有知识也没有欲望，并且使明智的人不敢轻举妄动。只要依循无为的原则，就没有治理不好的地方。

[解读]

① 有些学者认为本章鼓吹愚民政策。值得思考的是：愚民是手段还是目的？为了避免人民陷于"争、盗、乱"的困境，所以采取看似愚民的手段，而目的则是无为以及无不治。当然，这样的手段是"虚拟的"，而这样的目的也只是空中楼阁。我们可以批评老子是过度的理想主义者，却不能说他主张愚民。

② "无知无欲"一语，提醒我们"有知有欲"，由此可能造成各种困扰。但是，人岂能完全无知？因此问题在于：如何获得正确的知？若有正确之知，则必有正确之行。《老

子》一书的宗旨，不就是想要启发我们何谓正确之知吗？

③ "知者"一词在此译为"明智的人"，其意是指善用智巧或自作聪明之辈。这一类人并未悟"道"，因此所作所为难免治丝益棼。

④ 从"为无为，则无不治"一语可知，老子是希望天下大治的。"为无为"仍是某种"为"，而"无为"是指"无心而为"，不去刻意造作，并非单单只是"无所作为"。如果"无为"只是指"无所作为"，则老子思想无异于懒人哲学，也不值得一探究竟了。

第四章

道，冲而用之或不盈

道，冲而用之或不盈。

渊兮似万物之宗。

挫其锐，解其纷，

和其光，同其尘。

湛兮似或存。

吾不知其谁之子，象帝之先。

[白话]

　　道，空虚而作用似乎没有极限。是那么渊深啊！像是万物的本源。它收敛锐气，排除纷杂，调和光芒，混同尘垢。是那么沉静啊！像是若有若无地存在着。我不知道它是由谁产生的，好像在上帝之前就已经存在了。

[解读]

① 本章对"道"的描述，用了"或、似、似或、象"这些疑似词。虽为疑似，但仍有迹可循，有助于我们理解"道"。亦即，经由"不盈""万物之宗""存""帝之先"，可以觉察"道"的作用。以疑似词来描写那作为"究竟真实"的"道"，是非常高明的手法，胜过使用否定词或类比词。

② "挫其锐"等四句，亦见于第五十六章，用以说明人生的修养。可见，老子的目的是希望人效法"道"的作为。

③ "象帝之先"有二解：一是"似帝之先"，而"帝"指"天帝"（王弼注）；在"天帝"（合天与上帝而言，是古人所相信的造物者）之先，无物存在；所以"道"像上帝一样，也是最早存在的。不过，如此一来，道与上帝皆在最先，必须合而为一。然后，既已有道，就不再需要上帝了。二是主张道"好像在上帝之前"已经存在，因为上帝已是"有名"，不足以与道（原是无形无名）相提并论。事实上，老子提出"道"的用意之一，就是想以它取代古人所信的"天"或"上帝"，由此恢复其作为"至高存在"或"存在本身"（亦即"究竟

真实")的"超越性"。有关"超越性",请参看第二十五章的讨论。

④　有关"道"的描述,有六章最重要:第一章、第四章、第十四章、第二十一章、第二十五章、第四十二章。

第五章

天地不仁，以万物为刍狗

天地不仁，以万物为刍（chú）狗。

圣人不仁，以百姓为刍狗。

天地之间，其犹橐（tuó）籥（yuè）乎，

虚而不屈，动而愈出。

多言数穷，不如守中。

[白话]

天地没有任何偏爱，把万物当成刍狗，让它们自行荣枯。圣人没有任何偏爱，把百姓当成刍狗，让他们自行兴衰。天地之间，正像一个风箱啊！虽空虚却不致匮乏，一鼓动就源源不绝。议论太多，很快就会走投无路，还不如守住虚静的原则。

① "刍狗"是以草扎成的狗，为古人祭祀时的用品。当用之时，备受重视；已用之后，随即丢弃。《庄子·天运》有一段生动的描写："夫刍狗之未陈也，盛以箧（qiè）衍，巾以文绣，尸祝斋戒以将之。及其已陈也，行者践其首脊，苏者取而爨（cuàn）之而已。"（译文：刍狗还没有用来祭祀时，装在竹筐里，盖着锦绣手巾，主祭者还要先斋戒再接送它。等到祭祀过后，路上行人踩踏它的头与背，捡草的人把它拿去当柴烧了。）天地对万物，圣人对百姓，不正是任其荣枯及兴衰吗？因此，"不仁"是指没有偏爱，或者"无心于行仁"。王弼注本有关"刍狗"则显然有误，他说："天地不为兽生刍而兽食刍，不为人生狗而人食狗。无为于万物而万物各适其所用。"

② "橐籥"是古代冶铸铁器时，用以生风旺火的工具。橐为外罩，籥为内扇。里面虽是空的，但可鼓动气流；正如天地之间，万物流转，生生不息。

③ "多言"（或作"多闻"），是因为使用心思，卖弄智巧。如此很快（数，速也）就会疲于奔命而陷入困境。"守中"即是守虚。

④ 由本章可知，天地之于万物，有如圣人之于百姓。天地为

万物生息的场所，但万物不由天地而生。圣人是治理百姓的君主，但两者皆属于人类。因此，天地与万物亦有同样的性质，就是都由道而来。严格地说，天地亦属万物之范畴，并且可以并称"天地万物"，用以代表自然界。

第六章

谷神不死，是为玄牝

谷神不死，是谓玄牝（pìn）。

玄牝之门，是谓天地根。

绵（mián）绵若存，用之不勤。

[白话]

虚谷之神不会死亡，可以称为神奇的生殖力。神奇的生殖力有个出口，可以称为天地的根源。它若隐若现好像存在，作用却是无穷无尽。

［解读］

① "谷"：空虚开阔，无所不容。"谷神"：用以描写那使谷成为谷的力量，亦即"道"。在此，永恒的道展现了神奇的生殖力，由此化生天地。

② 道作为天地万物的来源，但是并不随着天地万物而变化生灭。因此，道不是一般所谓的"存在"，而是"若存"；并且在作用上也异于天地万物，是无穷无尽的。"绵绵"：微而不绝；"不勤"：不会劳倦、穷绝。

③ 老子的"道"特别强调化生天地与包容万物的这一面，值得稍作探讨。以思想背景而言，古人所信的"天"，具有五种角色及作用：一、主宰者；二、造生者；三、载行者；四、启示者；五、审判者。随着时代演进（如天子失德，礼坏乐崩），人们对天的信念逐渐改变。这其中，主宰之天仍有一定的影响力（如本书第六十七章所谓的"天将救之，以慈卫之"）；而造生与载行之天沦为具象的自然之天（"天地"并称），启示之天与审判之天沦为固定的命运之天。孔子与老子都是危机时代的哲人，但是响应挑战的方式不同。孔子意图转"命运"为"使命"，借由"承礼启仁"，想要为人间安立新秩序。老子则以"道"代"天"，指出自然界并非只是生灭变化而终归虚无，因

为还有一个"道"永远常存。如此，老子的道特别显示造生与载行的作用，也就不难理解了。并且，道与自然界"若即若离"的关系也就深具启发性了（有关孔子思想的诠释，请参看《解读〈论语〉》，东方出版社，2023 年）。

④ 老子以道为"天地根"（天地的根源），又说道"似万物之宗"（像是万物的本原）（第四章）。由此可知，天地与万物皆由道而来。

第七章

天长地久

天长地久。

天地所以能长且久者，

以其不自生，故能长生。

是以圣人后其身而身先，

外其身而身存。

非以其无私邪（yé）？故能成其私。

[白话]

　　天延续着，地持久着。天地能够延续而持久的缘故，是因为它们不求自己的生存，所以能够持续生存下去。因此之故，圣人退居众人之后，结果反而站在众人之前；不在意自己的生命，结果反而保全了生命。不正是由于他没有私心吗？这样反而达成了他的私心。

[解读]

① "天长地久"，是针对万物一直在生灭变化而言。天地有如容器，万物在其间活动。相对于万物，天地是不变的；但是，就天地自身而论，却不可说是永恒的，所以有"天地尚不能久"（第二十三章）一语。真正永恒的，只有"道"（参考第二十五章的注解）。

② 天地"不自生"，是说天地不为自己的生存打算，而让万物自行生灭，结果天地反而不受变化所困，可以长久生存下去。

③ 圣人是悟道之人，为何要效法天地呢？理由有二：一、圣人是人间的统治者，面对的是百姓；他可以取"天地面对万物"的模拟关系，来作为自己的示范；二、道是无形无象的，不像天地可以观察取法；天地不等于道，但却源自于道，足以提供圣人许多启示。

④ 圣人的"无私"表现于"退让、不争、忘我、随顺"上，但是由结果看起来却是十分积极的。在此，"成其私"不是"无私"的目的，而是"无私"的自然结果。王弼说：

"无私者，无为于身也，身先身存，故曰能成其私。"老子是以智慧去觉悟最深刻的因果关系，而不是提供处世的手段或谋略。此外，这些字句的主词是"圣人"，亦即代表了圣人的体验。我们对于类似的说法，可以存思也可以效法，但未必可以搬来就用，更不必期望立即达成同样的效果。

第八章

上善若水

上善若水。

水善利万物而不争，

处众人之所恶，

故几（jī）于道。

居善地，心善渊，

与善仁，言善信，

政善治，事善能，

动善时。

夫唯不争，故无尤。

最高的善就像水一样。水善于帮助万物而不与万物相争，停留在众人所厌恶的地方，所以很接近道。居处善于卑下，心思善于深沉，施与善于相爱，言谈善于检证，为政善于治理，处事善于生效，行动善于待时。正因为不与万物相争，所以不会引来责怪。

[解读]

① 本章认为"水"的性质与作用"几于道"，值得我们省思。接着所说的，被称为"水之七善"。苏辙《道德真经注》的解说如下："避高趋下，未尝有所逆，善地也；空虚静默，深不可测，善渊也；利泽万物，施而不求报，善仁也；圆必旋，方必折，塞必止，决必流，善信也；洗涤群秽，平准高下，善治也；遇物赋形，而不留于一，善能也；冬凝春冰，涸溢不失节，善时也。有善而不免于人非者，以其争也。水唯不争，故兼七善而无尤。"

② 用于人类世界，此七善可分为四组：一、"居善地，心善渊"是对自己的要求；二、"与善仁，言善信"是与人互动的原则；三、"政善治，事善能"是人间行事的检验；

四、"动善时"是处世的智慧。

③ 老子书中，以水比喻之处还有第三十二章、第三十六章、第六十一章、第六十六章、第七十八章。不过，水只是"几于道"，并不是等于道。譬如，水总是居于卑下之地，亦即"处众人之所恶"；而道对万物则是无所不容，既没有高低之别，也没有好恶的问题。在此，老子展现了思维模式，以万物与众人并言，再推及道。这正是所谓"2+1"之格局。

④ 老子强调"不争"，全书有七见：第三章、第八章、第二十二章、第六十六章、第六十八章、第七十三章、第八十一章。

第九章

持而盈之，不如其已

持而盈之，不如其已。

揣（chuǎi）而锐之，不可长保。

金玉满堂，莫之能守。

富贵而骄，自遗其咎。

功遂身退，天之道。

[白话]

累积到了满溢，不如及时停止。捶炼到了锐利，不能长久保持。金玉堆满家中，没有人能守住。富贵加上骄傲，自己招致祸患。成功了就退下，这才合乎天道。

解读《老子》

[解读]

① 人有生老病死，物有成住坏空；季节有春夏秋冬，国家有兴盛衰亡。明白此一原则，我们的处世态度就会谦虚退让，适可而止；然后功成身退，长保平安。

② 关于"天之道"，在本书尚有多见，与本章类似的说法有"天之道，不争而善胜"（第七十三章），"天之道，其犹张弓与"（第七十七章），"天之道，利而不害"（第八十一章）。在此，"天"代表自然界的能动力量（"地"则代表受动力量）。因此，"天"可以作为"天地"合称的自然界，而"天之道"即指"自然界的运作规则"而言。到了庄子，则明白以"天"代表自然界，请参考《傅佩荣解读庄子》，如《天地》《天道》《天运》各篇。

③ 由于"天"在古代原有崇高地位（如以"天子"指称帝王），亦即天扮演主宰者的角色。本书在谈到"天"时，仍未完全摆脱此一思想背景，所以会有"治人事天，莫若啬"（第五十九章）的说法。"事天"一词是最明确的证据。

④ 本章前四句皆是着眼于长远的时间角度所下的判断，从历史上可以找到无数案例，但是有几人能在有生之年觉悟此理而"功遂身退"？

第十章

载营魄抱一，能无离乎？

载营魄抱一，能无离乎？

专气致柔，能如婴儿乎？

涤除玄览，能无疵（cī）乎？

爱民治国，能无为乎？

天门开阖，能为雌乎？

明白四达，能无以知乎？

生之，畜（xù）之。

生而不有，

为而不恃，

长而不宰，

是为玄德。

解读《老子》

精神形体配合，持守住道，能够不离开吗？随顺气息以追求柔和，能够像婴儿一样吗？涤除杂念而深入观照，能够没有瑕疵吗？爱护人民与治理国家，能够无所作为吗？天赋的感官在接触外物时，能够安静保守吗？明白各种状况之后，能够不用智巧吗？生长万物，养育万物。生养万物而不据为己有，作育万物而不仗恃己力，引导万物而不加以控制，这就是神奇的德。

[解读]

① 本章谈修炼方法，可配合第十六章来看。王弼解"载"为"犹处也"。"载营魄"是指人有如处于魂魄配合的状态，可见"营魄"即是魂魄；"一"可以指魂魄合一的状态，也可以指"道"（究竟真实）。由于本章谈及"爱民治国"，可知是针对圣人（理想的统治者）而言，然后参考"圣人抱一为天下式"（第二十二章）一语，可知在此所指为"道"。

② 老子常以"婴儿"为喻，描写悟道者保存了原始的纯朴状态（可参考第二十章、第二十八章以及第五十五章）。

王弼解"专气致柔"为"任自然之气，致至柔之和"。

③ "玄览"一词，又写为"玄鉴"，其意相似，都是要以直觉的心智作深入的观照。

④ "天门"：自然之门。以人而言，即是天赋的感官，由此可与外界接触。

⑤ "玄德"：神奇的德，意思近似"至德"，用以描写道的作用，或圣人悟道的表现。"德"字与"得"相通，有双重意义：一、在万物方面，是指"得之于道者"，所以在"道生之"之后，接着要说"德畜之"。在此可引申为一物的本性或禀赋。二、在道方面，"德"指道的作用或表现，所以有道为"体"，德为"用"之说。"玄德"即就此意而说（可参照第六十五章）。

⑥ "生而不有，为而不恃，长而不宰，是谓玄德"一语，亦见于第五十一章。《庄子·达生》亦以"为而不恃，长而不宰"描写"至人之德"。

⑦ 王弼解"生之"为"不塞其源也"，解"畜之"为"不禁其性也"。至于"玄德"，他说："有德无主，非玄而何？凡言玄德，皆有德而不知其主，生乎幽冥。"

解读《老子》

第十一章

三十辐共一毂

三十辐共一毂（gǔ），当其无，有车之用。

埏（shān）埴（zhí）以为器，当其无，有器之用。

凿户牖（yǒu）以为室，当其无，有室之用。

故有之以为利，

无之以为用。

[白话]

　　车轮上的三十根木条，聚集在一个车轴中，有了轴心空虚之处，才有车的作用。揉合陶土做成器皿，有了中间空虚之处，才有器皿的作用。开凿门窗建造房屋，有了室内空虚之处，才有房室的作用，所以，"有"带给人便利，

"无"发挥了它的作用。

[解读]

① 古代车轮由三十根木条辐辏于轴心所构成，轴心必须是空的，才能由横木穿过，接连两边的车轮，然后车辆才可以使用。

② 本章有三个比喻：车、器、室。"有"是指有一物，可以增加生活上的便利；但是这种便利若要真正发挥用处，则必须靠"无"。"无"是指无一物，空虚而已。有与无互相配合，一物之功用才可彰显。老子借此提醒我们，不宜重"有"而轻"无"。另外，此章说"凿户牖以为室"，与后代建造房屋的观念不同。古人有依山而居的，才有这种做法。因此，《周礼》中负责建设的官员称为"司空"。

③ 在经验世界或现象世界，"有"与"无"是相对的，两者配合才可产生利用之效。以人而言，"无"代表了创造发明之可能性，亦即在"有"的基础上，不自限于既定的模式，发挥创意与想象，由此推展文化的进步。譬如，车、器、室三者，都是人类发明之物，即是例证。不过，老子的重点不只在文化进展，而更在个人生命的安顿，因此"无"的用意在于不执著于"有"，亦即"非有"，由此常保心灵的独立与自由。

第十二章

五色令人目盲

五色令人目盲；

五音令人耳聋；

五味令人口爽；

驰骋（chěng）畋（tián）猎，令人心发狂；

难得之货，令人行妨。

是以圣人为腹不为目，

故去彼取此。

[白话]

五种颜色让人眼花缭乱；五种音调让人听觉失灵；五种滋味让人口不辨味；纵情于狩猎作乐，让人内心狂乱；稀有的货品让人行为不轨。因此，圣人只求饱腹而不求目眩，所以摒弃物欲的诱惑，重视内在的满足。

[解读]

① 五色：青、赤、黄、白、黑。五音：宫、商、角、徵、羽。五味：酸、苦、甘、辛、咸。感官欲望如果超过限度，会变成求乐反苦。至于"心发狂"与"行妨"，更使人陷入困境，甚至会受到礼的约束与法的惩罚。在此，五色与五味的顺序，依《易经》后天八卦的五行相生顺序，可配合"木火土金水"。至于五音，若配合此一顺序，应为"角徵宫商羽"（相对于此，是民事君臣物）。参考《汉书·律历志》。

② 圣人"为腹不为目"，应配合第三章"圣人之治，虚其心，实其腹，弱其志，强其骨"并观，可知其对象为百姓。换言之，圣人明白此一道理之后，就可以采取适当的策略来治理百姓。

③ 老子"去彼取此"，但是社会发展却显然背道而驰，成了"去此取彼"，然后人生的烦恼与痛苦层出不穷，以致不知将伊于胡底。其次，"去"与"取"之间，是否要以简单的二分法来互相排斥？透过教育而使人民懂得节制，是否可行？这些都是值得思索的问题。"去彼取此"一语亦见于第三十八章和第七十二章。

第十三章

宠辱若惊，贵大患若身

宠辱若惊，贵大患若身。

何谓宠辱若惊？

宠为上，辱为下，得之若惊，失之若惊，是谓宠辱若惊。

何谓贵大患若身？

吾所以有大患者，为吾有身，

及吾无身，吾有何患？

故贵以身为天下，若可寄天下；

爱以身为天下，若可托天下。

[白话]

　　得宠与受辱都好像受到惊吓，重视大祸患如同重视身体。什么叫做得宠与受辱都好像受到惊吓？得宠是高高在上的，受辱是低下卑微的。但是这两种，获得它时好像受到惊吓，失去它时也好像受到惊吓，这就叫做得宠与受辱都好像受到惊吓。什么叫做重视大祸患如同重视身体？我所以有大祸患，是因为我拥有这个身体，如果我没有这个身体，我还有什么祸患呢？所以重视身体超过天下的人，才可以把天下交付给他；爱惜身体超过天下的人，才可以把天下委托给他。

[解读]

① 得宠与受辱看似相反，但都是由别人发动而让我来接受。宠辱由外而来，使我失去自主性，无法维持人格尊严，所以"若惊"。"宠为下"一语，各家版本有些争议，但是由"是谓宠辱若惊"的结语来看，"宠为上，辱为下"较合理，亦即先肯定一般人的常识，再指明其盲点。事实上，宠与辱常有相关性，只有无宠无辱，才可长保平静安详。

② "贵大患若身"，因为身体是大祸患的来源。人有身体，

由此产生无穷的欲望，要求各种物质享受，以及世间的名利权位。这些东西的得与失，往往受制于外在条件，因而造成自己无尽的苦恼。在此，老子的建议是：与其等待大祸患降临，不如调整自己对身体的观念。对身体要"贵"要"爱"，其目的是要提醒与警惕自己不要陷于"大患"。如此才可以在治理天下时，以清静无为的态度，使百姓不致陷于大患。

③ "故贵以身为天下"一语，可参考《庄子·在宥》："故贵以身于为天下，则可以托天下；爱以身于为天下，则可以寄天下。"其意为："所以，重视自身超过天下的人，就可以把天下委托给他；珍惜自身超过天下的人，就可以把天下交付给他。"不过，庄子此语特别强调的是：君子治理天下时的"无为"态度。王弼说："无以易其身，故曰贵也。……无物可以损其身，故曰爱也。"

第十四章

视之不见，名曰夷

视之不见，名曰夷；

听之不闻，名曰希；

搏之不得，名曰微。

此三者不可致诘（jié），故混而为一。

其上不皦（jiǎo），其下不昧，

绳绳兮不可名，复归于无物。

是谓无状之状，无物之象，是谓惚恍。

迎之不见其首，随之不见其后。

执古之道，以御今之有。

能知古始，是谓道纪。

看它却看不见，称它为"夷"；听它却听不到，称它为"希"；摸它却摸不着，称它为"微"；这三方面都无法穷究底细，所以它是浑然一体的。它外显的部分并不明亮，隐含的部分也不晦暗，绵绵不绝的样子无法为它定名，然后又回归于空无一物。这叫做没有形状的形状，没有物体的形象，这叫做若有若无的惚恍。迎向它，看不见它的源头；跟随它，看不见它的后续。把握早已存在的道，可以用来驾驭当前的一切。能够了解最早的开始，这叫做道的规律。

［解读］

① 本章所论，有关"道体"（或道的本身）。相关的描述有第一章、第四章、第二十一章、第二十五章、第四十二章。人的感觉对此无能为力，只好承认道是"混而为一"的，这正是第二十五章所谓的"有物混成"。道是未分之整体，若隐若现；"不可名"是指不受理性思考能力的限制，最后只能以"无物"来描述。所谓"无物"，是说"道"并非世间任何一物，而不是说道是虚无的。王弼指出：对于道，说它是无，但万物由之以生；说它是有，但不见其形。

② 以"惚恍"形容道，可参看第二十一章。"惚恍"是指若有若无，无状而又有状，无物却又有象。可知"道"并非虚无，而是无法加以描述。既不知它由何而来，也不知它往何而去。

③ 道是"自古以固存"，在一切之前即已存在。"以御今之有"一语，是老子的目标。人要如何面对、因应、处理当前一切具体事物？答案是"执古之道"，如此将不会执著于现象世界的得失与变化。至于"道纪"，则可以使人由此明白"古始"（详情请参看第二十五章）。王弼注"古始"为"无形无名者，万物之宗也"。他在注第一章"无名"时说："未形无名之时，则为万物之始。"由此可见，他的理解合乎本章所说的"无状之状，无物之象"，并且"复归于无物"并非虚无主义，而是指：超越了"有形有名"的万物层次。

第十五章

古之善为道者

古之善为道者，微妙玄通，深不可识。

夫唯不可识，故强为之容：

豫兮若冬涉川；犹兮若畏四邻；

俨兮其若客；

涣兮其若释；

敦兮其若朴；

旷兮其若谷；

混兮其若浊；

孰能浊以静之徐清？

孰能安以动之徐生？

保此道者不欲盈。

夫唯不盈，故能敝而新成。

[白话]

　　古代善于行道的人，精微奥妙而神奇通达，深刻得难以理解。正因为难以理解，所以勉强来形容他：小心谨慎啊，有如冬天涉水过河；提高警觉啊，有如害怕邻国攻击；拘谨严肃啊，有如在外作客；自在随意啊，有如冰雪消融；淳厚实在啊，有如未经雕琢的木头；空旷开阔啊，有如幽静的山谷；混同一切啊，有如浑浊的河水；谁能在浑浊中安静下来，使它渐渐澄清？谁能在安定中活动起来，使它出现生机？持守这种"道"的人，不会要求圆满。正因为没有达到圆满，所以能够一直去旧存新。

[解读]

① "古之善为道者"，在此语中，"道"又作"士"（王弼本）。若参考类似语句（第六十五章、第六十八章），可知作"道"较为合适。并且，学者解说"士"时，多以"有道之士"或"行道之士"述之，可见仍以作"道"为宜。

② 本章由七个角度描写行道的人，大意不外乎戒慎恐惧、谦虚退让、随顺自然、和光同尘。即使在动静转换之际，也要"徐"而为之。这代表他充满生命力，可静可动，但一

定要配合各种条件，以渐进方式达成，毫无勉强之处。这七个角度的描写可以进而分为修炼的三阶段：一、收敛：小心谨慎（豫兮），提高警觉（犹兮）；二、放达：自在随意（涣兮），醇厚实在（敦兮），空旷开阔（旷兮）；三、合一：混同一切（混兮）。最后的"混"字，可对照"混而为一"（第十四章）"有物混成"（第二十五章）。

③ 20世纪德国哲学家海德格尔（M. Heidegger，1889—1976）晚年曾尝试将《老子》翻译成德文，但未成功。他请人为他写的对联是："孰能浊以静之徐清？孰能安以动之徐生？"这两句话提醒我们：老子思想兼顾动静，由此更能深入理解悟道之方。

④ "不欲盈"，因为"盈必溢也"（王弼注），并且"盈则亏"。若要不溢不亏，就须在尚未达到圆满之前，自认为已经有所缺失（有如旧物），然后重新引发生命力。人生中的任何目标，由长远的眼光看来，都只是一个阶段成就，因此人要一直处在去旧存新的状态中，否则难以悟道，因为道是"周行而不殆"的（第二十五章）。

⑤ "敝而新成"亦有作"敝不新成"者（王弼本）。依第二十二章"敝则新"可知敝与新对，所以"敝而新成"较为合理，并可对应于"不盈"之意。

第十六章

致虚极，守静笃

致虚极，守静笃。

万物并作，吾以观复。

夫物芸芸，各复归其根。

归根曰静，静曰复命。

复命曰常，知常曰明。

不知常，妄作凶。

知常容，容乃公，公乃全，全乃天，天乃道，道乃久，没身不殆。

[白话]

　　追求"虚"，要达到极点；守住"静"，要完全确实。万物蓬勃生长，我因此看出回归之理。一切事物变化纷纭，各自返回其根源。返回根源叫做寂静，寂静叫做回归本来状态。回归本来状态叫做常理，了解常理叫做启明。不了解常理，轻举妄动，就会招致凶险。了解常理才会包容一切，包容一切才会大公无私，大公无私才会普遍周全，普遍周全才会合乎自然，合乎自然才会与道同行，与道同行才会保持长久，终身免于危险。

[解读]

① 本书"虚"字有五见，其意并非虚幻或虚无，而是指单纯、不执着。虚之后，能空能明；静之后，能安能观。由此可以看出万物的回归路线。了解此一常理，叫做启明。老子论"知"，有三个层次：一是以知为"区分"，造成相对的价值观，随之产生欲望与争斗（参考第三章）；二是以知为"避难"，采取预防措施，以免陷入不必要的困扰中（参考第二十八章）；三是以知为"启明"，亦即了解道的运作规律，能虚能静，无私无我，顺其自然，全身

保真。本章所论，为启明之知。

② "复命"：回归本来状态。老子谈"命"，当动词用的有"夫莫之命而常自然"（第五十一章），当名词用的即在此处。"命"对人而言，是指既定的条件、无可奈何的发展，以及最后的结局。但是在此是对"物"（一切事物）而言，就指本来状态或最后归宿了。老子认为，本来状态无异于最后归宿，亦即"静"。一切都归于寂静，这是恒常的道理。老子善于从结局来看万物，显示了解脱及超越的智慧。"明"（启明）是老子对人的最高期许，由此建立了道家的修行目标。

③ "天乃道"：合乎自然才会与道同行。何以如此？因为自然界的运作自成规律，不受人为因素所左右，显然更为接近本来的状态，因而也更能与道相契合。在此以"与道同行"一语来翻译"道"，则是因为底下接着说"道乃久"，亦即可以行之久远，并且没身不殆。

④ 本章谈的是人的修养方法，要虚要静。以静而言，其目的是为了看出道的运作方式，此时不可忽略第四十章的所谓的"反者道之动"，亦即：道有"独立而不改"（静的一面），也有"周行而不殆"（动的一面），此处可参考第二十五章。对人而言，则需由"虚静"以观道之全貌。

第十七章

太上，下知有之

太上，下知有之；

其次，亲而誉之；

其次，畏之；

其次，侮之。

信不足焉，有不信焉。

悠兮其贵言。

功成事遂，百姓皆谓：我自然。

［白话］

最好的统治者，人民只知道有他的存在；次一等的，人民亲近他并且称赞他；再次一等的，人民害怕他；更次一等的，人民轻侮他。统治者的诚信不足，人民就不信任他。最好的统治者是那么悠闲啊，他很少发号施令。等到大功告成，万事顺利，百姓都认为：我们是自己如此的。

[解读]

① "下知有之"亦作"不知有之"，如此则指"人民不知道有他的存在"，但是由"不知"难以一跃而至"亲而誉之"。其次，"百姓皆谓：我自然"一语，正是因为"知道有他的存在"，但不觉得受他统治。然后，统治者"贵言"而非"不言"，表示仍有统治之事实。最后，有些学者由此联想到"帝力于我何有哉"（《击壤歌》）一语，正好证明人民"知道"有帝力存在，只是不觉得自己受其摆布而已。因此，原文作"下知有之"较宜。

② 由"太上"之下，连续三个"其次"，所描述的是等而下之的状况。最理想的，是人民知道有统治者存在，但不觉得需要他来领导；第二等的，是统治者行仁政，人民"亲而誉之"；第三等的，是统治者使用政令刑罚，人民"畏之"；第四等的是统治者胡作非为、全无章法，人民"侮之"，然后可能是天下大乱。

③ "自然"一词，所指的是"自己如此"的状态，而不是

一般人所说的"自然界"。古人谈起自然界，常以"天地"（侧重其广大领域，如"天无不覆，地无不载"）或"万物"（侧重其具体内容）来说。有时专以"天"字指称，则反映了古代思想演变的一项特色，请参考第六章之注解。另外，老子本书谈及"自然"的，还有四处：第二十三章"希言，自然"、第二十五章"道法自然"、第五十一章"夫莫之命而常自然"、第六十四章"以辅万物之自然而不敢为"。

④ 关于"百姓皆谓：我自然"一语，可参考《庄子·天地》："大圣之治天下也，摇荡民心，使之成教易俗，举灭其贼心而皆进其独志，若性之自为，而民不知其所由然。"其意为："大圣人治理天下时，用的方法是放任民心，使他们成就教化、改变风俗，完全消除他们的害人念头，而促成他们自得的志趣，就像是本性自动要这么做，而他们并不知道何以如此。"

第十八章

大道废，有仁义

大道废，有仁义；

智慧出，有大伪；

六亲不和，有孝慈；

国家昏乱，有忠臣。

[白话]

　　大道毁坏之后，才有所谓的仁义；智巧聪明出现，才有严重的虚伪；家人之间失和，才有所谓的孝慈；国家陷于昏乱，才有所谓的忠臣。

[解读]

① "大道"是指究竟真实及其运作规律而言，"废"是指被人们遗忘、背弃与毁坏。人们建立自己的一套价值观，以"仁义"来互相期许及标榜。但是，仁义的行为耗费心力而不易持久，并且由此衍生出的假仁假义与不仁不义，更将造成世间的困扰。老子此说并不是为了批判或反对仁义，而是在陈述一个无可奈何的客观事实。以下各句亦有此意。

② "智慧"一词在此是指智巧聪明，为了争奇斗艳而虚伪不实。现在我们使用"智慧"一词，则有肯定之义，如以哲学（Philosophy）为"爱好智慧"。在道家中，能体认"道"的要义，即是获得了启明的智慧。

③ "六亲"是指父、子、兄（姊）、弟（妹）、夫、妻。由于六亲不和，才能分辨出谁是"孝慈"。若是没有不和之事，则根本不需要所谓的孝慈。忠臣的情况亦是如此。换言之，老子并不是责怪孝慈与忠臣，而是在叙述客观事实。

④ 王弼注特别提及："鱼相忘于江湖之道，则相濡之德生也。"原文出于《庄子·大宗师》："泉涸，鱼相与处于陆，相呴以湿，相濡以沫，不如相忘于江湖。"其意为："泉水干涸了，几条鱼一起困在陆地上，互相吹气来湿润对方，

互相吐沫来润泽对方。这实在不如在江湖中互相忘记对方。""江湖"比拟大道，鱼当然希望在江湖中自在悠游，彼此相忘；但是，奈何"泉水干涸"，连泉水都没有了，又奢谈什么江湖？人若悟道，则知其"无所不在"，形成了一个唯一整体。泉水干涸是自然界可能发生的现象，人之忘道则是人类自己造成的困境。

第十九章

绝圣弃智，民利百倍

绝圣弃智，民利百倍；

绝仁弃义，民复孝慈；

绝巧弃利，盗贼无有。

此三者以为文，不足。

故令有所属：

见（xiàn）素抱朴，

少私寡欲。

绝学无忧。

去除聪明与才智，人民可以获得百倍的好处；去除仁德与义行，人民可以恢复孝慈的天性；去除机巧与利益，盗贼就不会出现。这三方面是用来文饰的，不足以治理天下。所以要让人民有所依归：表现单纯，保持朴实；减少私心，降低欲望；去除知识，没有烦恼。

［解读］

① 老子书中，"圣人"一词出现三十二次，代表悟道的理想统治者。但是，"圣"字单独使用，或与"智"字并用时，则指"聪明"而言。王弼所谓的"圣智，才之善也"，即是此意。"绝圣弃智"之后，为什么"民利百倍"？因为人民不再需要学习与竞争，更不必钩心斗角，而可以活得自在快乐。

② "绝仁弃义"，因为仁义是相对的价值观，容易使人向外寻求肯定，而忘记了内在的天性。"民复孝慈"一语，表示人民原本就会实践孝慈。因此，"孝慈"有二解：一是"六亲不和"（第十八章），才使我们"知道"何谓孝慈；二是我们本来就会"实践"孝慈。这二者，一为认知，

一为行动，其间并无矛盾之处。

③ 王弼对本章的解说是："圣智，才之善也；仁义，行之善也；巧利，用之善也。而直云绝，文甚不足，不令之有所属，无以见其指，故曰此三者以为文而未足，故令有所属，属之于素朴寡欲。"

④ "文"，文饰，意指在出现困难之后，想办法解决。这三个方面所说的是"绝"与"弃"，不但"不大可能"做到，并且过于消极。因此，要让人民从具体可行的地方去努力，就是"见素抱朴"与"少私寡欲"。"素"是未经染色的丝，"朴"是未能雕琢的木。

⑤ 关于"绝圣弃智"一语，可参考《庄子·胠箧》："故绝圣弃知，大盗乃止；摘（zhí）玉毁珠，小盗不起。"

⑥ 关于"寡欲"，儒家的孟子也说："养心莫善于寡欲。"（《孟子·尽心下》）

⑦ 依帛书甲本乙本，在此加上"绝学无忧"（原在第二十章开头）。如此，本章结尾三句与开头三句可以对应："见素抱朴"对应于"绝仁弃义"；"少私寡欲"对应于"绝巧弃利"；"绝学无忧"对应于"绝圣弃智"。

唯之与阿，相去几何？

唯之与阿（ē），相去几何？

美之与恶，相去若何？

人之所畏，不可不畏。

荒兮，其未央哉！

众人熙熙，如享太牢，如春登台。

我独泊兮，其未兆，如婴儿之未孩，

傫（lěi）傫兮，若无所归。

众人皆有余，而我独若遗。

我愚人之心也哉，沌（dùn）沌兮！

俗人昭昭，我独昏昏。

俗人察察，我独闷闷。

澹兮其若海，

飂（liú）兮若无止。

众人皆有以，而我独顽且鄙。

我欲独异于人，而贵食母。

[白话]

奉承与斥责，相差有多少？美丽与丑陋，差别又有多远？众人所畏惧的，我也不能不害怕。遥远啊，差距像是没有尽头！众人兴高采烈，有如参加丰盛筵席，有如春天登台远眺。唯独我淡泊啊，无动于衷，好像还不懂得嬉笑的婴儿，孤孤单单啊，好像无处可去。众人都绰绰有余，唯独我好像有所不足。我真是愚人的心思啊！混混沌沌啊！世人都炫耀光彩，唯独我暗暗昧昧。世人都精明灵巧，唯独我昏昏沉沉。辽阔啊，好像无边大海。飘荡啊，好像无所栖息。众人都有所施展，唯独我顽固又闭塞。我所要的，就是与别人都不同，重视那养育万物的母体。

[解读]

① 依帛书甲本乙本，"绝学无忧"四字划归第十九章。世人的知在于"区分"各种价值，但是这样的区分往往带来

烦恼。本章的"我"，是指求道之人，在与众人相比之下，显得孤单、落寞、愚笨而顽固。表面看来，众人或俗人占尽一切优势，在世间如鱼得水；但是，他们脱离了"母体"，下场终究是一场空。

② "唯之与阿"："唯"是敬诺，"阿"是慢应，分别代表晚辈与长辈的应对方式。"未央"描写相距遥远，有如无尽。"太牢"为古代具备牛、羊、豕三牲的祭典，指丰盛筵席。"如婴儿之未孩"："孩"为"咳"，小儿嬉笑声。"而我独若遗"："遗"通"匮"，不足也。"众人皆有以"，王弼注："以，用也，皆欲有所施用也。"

③ "我欲独异于人"一语中的"欲"字，是据帛书甲、乙本及王弼注而加上的。由此可知老子并不反对"有欲"（参考第一章），只是这种"欲"必须以正确的"知"为前提，然后所欲者是"贵食母"。"食母"是指养育万物的母体，"母"字应指"道"而言。

第二十一章

孔德之容

孔德之容，惟道是从。

道之为物，惟恍惟惚。

惚兮恍兮，其中有象；

恍兮惚兮，其中有物；

窈（yǎo）兮冥兮，其中有精；

其精甚真，其中有信。

自今及古，其名不去，以阅众甫。

吾何以知众甫之状哉？以此。

大德的表现，完全跟随着道。道这种东西，是恍恍惚惚的。惚惚恍恍啊，其中却有某种形象；恍恍惚惚啊，其中却有某种物体。深远暗昧啊，其中却有精微之气；精微之气极为实在，其中竟有可靠验证。从现在上溯到古代，它的名字不会落空，根据它可以观察万物的本源。我怎么知道万物的本源是什么样子呢？根据就在这里。

［解读］

① "孔德"，大德。"德"有二解：一是"物得以生，谓之德"（《庄子·天地》），万物由道所"获得"的存在条件，如本性、禀赋；二是万物依此而有的"表现"或样态。因此，"孔德"是由全面观照所见的万物表现。但是，对人而言，德为认知能力，在"表现"方面有思考、判断及选择的可能性，也因而产生有德、无德的问题（参考第三十八章）。

② 本章对"道"的描写，看似恍恍惚惚（若有若无、若隐若现的样子），但是其中又"有象、有物、有精、有信"。由此可知，道不但不是虚无，反而是最真实的"存在本

身"（Being），与一般的存有物（beings，亦即万物）是截然不同的。简单说来，道是究竟真实，不随着万物的变化生灭而有任何改变。感觉无法捕捉道，理智也无法认识道，因为道是统合一切的整体，从不显示为特定的客观对象。

③ "其名不去"，因为道一旦有了"道"的这个名称，虽然难以捉摸，但绝不会落空。不仅如此，根据这个名字，可以了解万物的本源（众甫，众父）。请参考第二十五章，以及第一章、第四章、第十四章和第四十二章。

④ 于"惟恍惟惚"一语，可对照第十四章的"恍惚"，并可参考《庄子·天地》："视乎冥冥，听乎无声。冥冥之中，独见晓焉；无声之中，独闻和焉。故深之又深而能物焉；神之又神而能精焉。"其意为：看过去一片昏暗，听起来毫无声响。一片昏暗之中，只有他见到了光明；毫无声响之中，只有他听到了和音。所以，在无比深远之处，却有东西存在；在无比神妙之境，却有真实存在。

第二十二章

曲则全，枉则直

曲则全，枉则直，

洼则盈，敝则新，

少则得，多则惑。

是以圣人抱一为天下式。

不自见，故明；

不自是，故彰；

不自伐，故有功；

不自矜，故能长。

夫唯不争，故天下莫能与之争。

古之所谓曲则全者，岂虚言哉！

诚全而归之。

弯曲才可保全，委屈才可伸展，低洼将可充满，敝旧将可更新，少取反而获得，多取反而迷惑。因此，圣人持守着"道"，来作为天下事物的准则。不局限于所见，所以看得明白；不以自己为对，所以真相彰显；不夸耀自己，所以才有功劳；不仗恃自己，所以才能领导。正因为不与人争，所以天下没有人能与他相争。古人所说的，"弯曲才可保全"这些话，怎么会是空话呢！真的能让人得到保全，善度一生。

[解读]

① "曲则全"等六句，范围涵盖自然与人事，但由"多则惑"来看，应以人事为主。譬如刮风时，大树弯曲才可保全；下雨时，地上凹洞将可满溢。移用到人间，则例证更多。"少则得"，可以解为：因为少，所以还有成长空间；也可以解为：因为少，所以完全吸收消化，有如"念书在精不在多"。"多则惑"，是因为无法理出头绪。"则"这个字，有辩证法上的正反互动之意，也有经验界的正反对待或相反相生之意，如"物极必反"。

② 圣人所抱之"一",是指统一的整体,亦即由整体来看变化,则一切都是相对的,因此不必执著,更无所排斥。"一"是对"道"的一种描述。"抱一"亦见于第十章。

③ "不自见,故明":老子谈到"明"的还有"知常曰明"(第十六章)"自知者明"(第三十三章)"见小曰明"(第五十二章)等处。以各种方式肯定"明"(启明之境),其意在于提醒我们觉悟智慧的重要。可对照参考第二十四章所谓的"自见者不明,自是者不彰,自伐者无功,自矜者不长"。这四个方面的修养亦可以对照儒家孔子之作为:"子绝四:毋意,毋必,毋固,毋我。"(《论语·子罕》)意即:孔子完全没有四种毛病:他不凭空猜测(不自见),不坚持己见(不自是),不顽固拘泥(不自矜),不自我膨胀(不自伐)。

第二十三章

希言，自然

希言，自然。

故飘风不终朝，骤雨不终日。

孰为此者？天地。

天地尚不能久，而况于人乎？

故从事于道者，同于道；

德者，同于德；

失者，同于失。

同于德者，道亦德之；

同于失者，道亦失之。

信不足焉，有不信焉。

少说话，才合乎自己如此的状态。所以，狂风不会持续吹一早上，暴雨不会持续下一整天。是谁造成这种现象呢？是天地。连天地的特殊运作都还不能持久，何况人呢？所以，积极求道的人，与道同行；修德的人，所认同的是有德；失德的人，所认同的是无德。认同有德的人，道也会获得他；认同无德的人，道也会失去他。统治者的诚信不足，人民就不信任他。

[解读]

① "希言"，少说话。以统治者而言，是少颁政令，让一切自己如此。"自然"一词，可参考第十七章之注。如果统治者力求有为，就会像"飘风""骤雨"一样，无法持久生效。类似的观点是"贵言"（第十七章）。当然，最理想的是"不言"（第二章）。

② "天地尚不能久"，是就其特殊运作（如飘风、骤雨）而言，所以与"天长地久"（第七章）并无矛盾。事实上，从"天长地久"的角度来看，飘风、骤雨并未超出生态平衡的范围。老子借此比喻统治者的有心造作必定归于失

败，至于威迫百姓的暴政，则更不可能长久。由"而况于人乎"一语，可知以下所论皆指人而言。人之德为认知能力，所以才有同于道（认同根源）、同于德（不离本性）、同于失（失去本性）等不同的作为。

③ "同于德者"以下四语，在王弼本是"同于道者，道亦乐得之；同于德者，德亦乐得之；同于失者，失亦乐得之。"王弼注曰："言随其所行，同而应之"，这似乎重复了前一句的意思，并且三者都是"乐得之"，又有何"得失"之辨？因此，本文据帛书乙本改之。其次，"德"是指"万物得之于道者"；"同于德者"是指顺着万物的本性与禀赋去行动。"同于失者"，则是倒行逆施，有如飘风骤雨，成了失德或无德，结局当然是自取败亡了。

④ "信不足焉，有不信焉"一语亦见于第十七章，在此可能是重出。

第二十四章

企者不立

企者不立；

跨者不行；

自见者不明；

自是者不彰；

自伐者无功；

自矜者不长。

其在道也，曰余食赘形，

物或恶之，故有道者不处。

[白话]

踮起脚跟，无法站得久；跨步前进，无法走得远；局限于所见，就看不明白；以自己为对，就遮蔽真相；夸耀自己的人，没有功劳；仗恃自己的人，无法领导。从道的观点来看，这些可说是剩饭与赘瘤。人们都厌恶这样的作为，所以悟道的人不会如此。

[解读]

① 企者与跨者都是存着特定目的（立与行），因而有所作为，但由于超过常态，结果适得其反。老子对于"顺其自然"的强调，亦由此可见。

② "自见者不明"等四语，与第二十二章相互呼应。由道看来，"立、行、明、彰、功、长"是常态现象，只需排除刻意造作以及自我中心，就会一一达成。但是，这并不是容易的事，世间之人少有不画蛇添足、自寻烦恼者。

③ "有道者"是指悟道的人，每一个人都有可能成为有道者。在老子书中，"圣人""吾""我"，都是指有道者而言，言行表现也有异曲同工之妙。"物或恶之"的"物"指人们而言。

④ "自伐者无功"一语，亦见于《庄子·山木》："大成之人曰：'自伐者无功。'"

第二十五章

有物混成

　　有物混成，先天地生。

　　寂兮寥兮，独立而不改，周行而不殆，可以为天下母。

　　吾不知其名，强字之曰道，强为之名曰大。

　　大曰逝，逝曰远，远曰反。

　　故道大，天大，地大，人亦大。

　　域中有四大，而人居其一焉。

　　人法地，地法天，天法道，道法自然。

[白话]

有一个浑然一体的东西，在天地出现之前就存在了。寂静无声啊，空虚无形啊，它独立长存而不改变，循环运行而不止息，可以作为天下万物的母体。我不知道它的名字，勉强叫它做"道"，再勉强命名为"大"。它广大无边而周流不息，周流不息而伸展遥远，伸展遥远而返回本源。所以，道是大的，天是大的，地是大的，人也是大的。存在界有四种大，而人是其中之一。人所取法的是地，地所取法的是天，天所取法的是道，道所取法的是自己如此的状态。

[解读]

① 本章是老子谈"道"的关键之作。"有物混成"，意即"道"是一个混沌未分之整体。"先天地生"，因为天地是已分的结果。道之先于天地，并非时间上的先后，因为天地之前无从计较时间久暂；而是逻辑上的先后，亦即天地非由自生，所以需要一"自生者"为其基础。"自生者"在西方哲学中，称为"自因"（Causa sui），而"自因"是上帝（God）或存在本身（Being）之首要条件，此外其

他一切皆为"他因"。

② "独立而不改，周行而不殆"一语表示：一、道是绝对的"一"，不会因为任何缘故而变化，而这正是"超越界"（Transcendence）的基本界说；二、道是周行不殆，遍在一切之中的，亦即道不离内存界（Immanence）。内存界（或内在界）所指，为有形可见而充满变化的天地万物（自然界的一切）；超越界所指，为自因而恒存的道。若无道，则万物无从存在；若无万物，则道亦无由彰显。这就是"道"之既超越又内存的性格。

③ "道"这个名称是勉强取的。中西哲人在面对超越界时，都有勉强取名的情况。因此，我们对于"存在本身"或"上帝"也不必过于执著于名相。

④ "域中有四大"，在此"域"不能指宇宙，因为宇宙是时间与空间所合成的整体，而"道"并非时空所能局限。或可能勉强译为"存在界"，以与虚无区隔。其次，何以称为"四大"？因为由上文的"大"，经过逝、远、反这三个步骤，可知这是由道而展现的四大领域。事实上，只有"道"是唯一的大。"人居其一"，是为了提醒人：不可因为生命短暂脆弱而失去信心，却应该由"人地天"一步步提升，达成与道冥合的至高境界。

⑤ "人法地"，地指地利或具体自然环境；由"人法地"可

以保障人的生存，并学习合宜的生活法则。"地法天"，是由人的观点，想要找到地的法则之缘由；天指天时或宇宙中的规律。"天法道"，这也是由人的观点，向上追溯到天的依归，由此体悟了道（如不争、无为等）。最后，"道法自然"，"自然"是自己如此的状态，所以任何一物若是保存"自己如此的状态"，就是"与道同行"。河上公说："道性自然，无所法也。"即是此意。

⑥ 关于"有物混成"一语，可参考《庄子·天地》："泰初有无，无有无名。一之所起，有一而未形。"其意为："在最起始的时候，只是'无'存在，尚未出现'有'也尚未出现'名'。这就是'一'的由来，混同为一而尚未具体成形。"本书第十四章有"混而为一"一语，可供对照。

⑦ 有关本章字句：一、"强字之曰道"，依《韩非子·解老》而加"强"字；二、"人亦大""而人居其一焉"，此二语之"人"字有作"王"字者。由结语之"人法地"云云，可知应作"人"。老子书中，"侯王"有三见，"王公"一见，"天下王"一见。若单独使用"王"字代表统治者，则"圣人"（三十二见）更适合。

第二十六章

重为轻根，静为躁君

重（zhòng）为轻根，静为躁君。

是以君子终日行不离辎（zī）重，

虽有荣观，燕处超然。

奈何万乘之主，而以身轻天下。

轻则失根，躁则失君。

[白话]

　　重是轻的根本，静是动的主宰。因此，君子整天行路，都不离开载物的车辆，虽然享受尊荣，却不会沉溺其中。为什么万乘大国的君主，还以轻率态度治理天下呢？轻举将会失去根本，妄动将会失去主宰。

① "重为轻根"，重物可以承载轻物，若是头重脚轻，必然无法站稳。"静为躁君"，静止可以主导躁动，因为躁动无法持久，必然回归静止。

② "君子"一词，有作"圣人"者（王弼本）。"辎重"：军中载运粮食装备的车。离开辎重，则无法远行，更不可能战胜。"君子"若指卿大夫，"万乘之主"则是各国诸侯。"君子"一词亦见第三十一章。"燕处"，安居也。

③ "重"有厚重、稳重、沉着、谨慎之意。"静"有安静、静止、无为、超然之意。统治者有了权位之后，难免心浮气躁，轻举妄动，造成天下大乱。

第二十七章

善行无辙迹

善行无辙迹；

善言无瑕谪（zhé）；

善数不用筹策；

善闭无关楗（jiàn）而不可开；

善结无绳约而不可解。

是以圣人常善救人，故无弃人；

常善救物，故无弃物。

是谓袭明。

故善人者，不善人之师；

不善人者，善人之资。

不贵其师，不爱其资，虽智大迷，是谓要妙。

［白话］

善于行走的，不会留下痕迹；善于说话的，没有任何瑕疵；善于计算的，不必使用筹码；善于关闭的，不用栓锁别人也开不了；善于捆绑的，不用绳索别人也不能解。因此，圣人总是善于帮助人，所以没有被遗弃的人；总是善于使用物，所以没有被丢弃的物。这叫做保持启明状态。因此，善人是不善人的老师，不善人是善人的借鉴。不尊重老师，不珍惜借鉴，即使再聪明也免不了陷于困惑，这是个精微奥妙的道理。

［解读］

① 前面五善，可以经由熟能生巧或顺其自然来达成。只要无心于为，就会有出其不意的神奇效果。

② 圣人是悟道者与行道者。既然一切皆源自于道，则天下岂有弃人与弃物？事实上，"弃"或"不弃"常是由人的眼光所下的判断，而人所见者既短浅有限又不够周延。"袭明"："袭"有承袭、含藏、保持之意；"明"是人的启明状态，总与"道"有所关联。

③ 善人为"师"，不善人为"资"，两者合称"师资"，正

有互相学习、期许、珍惜之意。由于今日学问分类细密，在此为师者，在彼则为资，两者相互需要，而不必涉及善与不善。"虽智大迷"是我们应该自我警惕者。

④　善人与不善人之相对关系，可参考第四十九章、第六十二章。

第二十八章

知其雄，守其雌

知其雄，守其雌，为天下谿（xī）。

为天下谿，常德不离，复归于婴儿。

知其白，守其辱，为天下谷。

为天下谷，常德乃足，复归于朴。

朴散则为器，

圣人用之，则为官长。

故大制不割。

[白话]

知道雄强的好处，却守住雌柔的位置，这样可以作为天下的仆役。作为天下的仆役，就不会离开恒久的德，再由此回归婴儿的状态。知道光明的好处，却守住暗昧的位置，这样可以作为天下的山谷。作为天下的山谷，才可以满足恒久的德，再由此回归真朴的状态。真朴的状态分散为具体的器物，圣人依循这个原则，建立了管理与领导。所以，完善的政治是不去割裂的。

[解读]

① 本章文句在"知其白"与"守其辱"之间，或许有一小段，即"守其黑，为天下式。为天下式，常德不忒，复归于无极。知其荣"。其意为：守住黑暗的位置，作为天下的用具。作为天下的用具，恒久的德就不会偏差，再由此回归无穷的境界。知道荣耀的好处。在此，"式"即"杙"，为古人占卜用的器具；作为用具，才可与"谿""谷"之卑下含意并列。王弼以"式"为"模则"，有"榜样"之意。如此一来，上下并列之三句互有扞格。另外，许多专家依《庄子·天下》引文，认为此一小段为衍文。本章支持此说而取消这里的二十三字，理由有三：一是"知其白，守其辱"一语，"辱"为黑垢，与"白"相对，不必另增"黑"字底下数语（第四十一章有"大白若辱"一语可供参照）；二是"复归于婴儿"与"复归于朴"，分

别指涉人与物的原始状态，不必再增其他说法；三是如果加上"复归于无极"，则"无极"一词难以得到合理解说。老子书中，"婴儿"二见，"朴"八见，且为明确的可复归之状态。而"无极"仅此一见，王弼注曰"不可穷也"，显非某种可复归之状态。

②　"谿"与"谷"为譬喻用字，所指涉的都是"常德"的某种状态。"谿"若作"溪"解，与"谷"意近；若作"奚"解，则指古代奴仆，如此亦合乎"守雌"之意。老子惯于对照人间与自然界，仆役为人间之卑者，山谷为自然界之低处。如此可以守住常德，而分别复归于人间之婴儿与自然界之朴木。

③　"常德"，恒久的德，亦即由"道"所获得的本性与禀赋。由"常德不离"与"常德乃足"二语，可知我们处在"离"与"不足"的困境中。保持常德，就可以复归于"婴儿"或"朴"。婴儿代表纯真的原始状态，朴代表未经加工的原木。本章知与守，属于"以知为避难"的层次，而最后之复归则为"启明"之表现。

④　"圣人用之"，在此，"之"是指明白"朴散则为器"的道理，亦即治理时不去割裂，使万物可以返璞归真。

⑤　《庄子·天下》有："知其雄，守其雌，为天下溪；知其白，守其辱，为天下谷。"

⑥ 关于"谿"字，朱谦之《老子校释》说："按敦煌丁本作'奚'，'奚'乃古奴仆之称。《周礼·天官·序官》：'奚三百人。'郑玄注：'古者从坐男女没入县官为奴，其少才知以为奚。'""为天下奚"犹今言公仆，与知雄守雌之旨正合。

第二十九章

将欲取天下而为之

将欲取天下而为之，吾见其不得已。

天下神器，不可为也，不可执也。

为者败之，执者失之。

故物或行或随；或嘘或吹；

或强或羸（léi）；或培或堕。

是以圣人去甚，去奢，去泰。

［白话］

想要治理天下而有所作为，我看他是不能达到目的了。天下是个神妙之物，对它不可以有为，不可以控制。有为就会落败，控制就会失去。所以，一切事物，有的前行，有的后随；有的性缓，有的性急；有的强壮，有的瘦弱；
有的成功，有的失败。因此，圣人要去除极端，去除奢侈，
去除过度。

[解读]

① "天下神器"："天下"是指人间所构成的整体；如果统
治者有心治理，那么结局一定难以周全，不是顾此失彼，
就是无法久安。在此，"不得已"的"已"为语助词，所
说为"无法达到目的"之意。王弼说："万物以自然为
性，故可因而不可为也，可通而不可执也。"（详见本书附
录一）

② "物"是一切事物，在此特别指涉"人"的世界而言。出
气缓为嘘，急为吹。世间一切各有其特色，在参差不齐中
保持了整体的均衡，此即"神器"之妙用。因此，最需
戒惕的是"人为造作"。如果因而扰乱了自然秩序，则将
天下大乱。圣人的"三去"，只是想要回复自然状态而已。

第三十章

以道佐人主者，不以兵强天下

以道佐人主者，不以兵强天下。

其事好还。

师之所处，荆棘生焉。

大军之后，必有凶年。

善者果而已，不以取强。

果而勿矜，果而勿伐，果而勿骄，果而不得已，果而勿强。

物壮则老，是谓不道，不道早已。

[白话]

用"道"来辅佐国君的人，不会靠兵力在天下逞强。打仗这种事，总会得到报应。军队所过之处，长满了荆棘。大战之后，必定出现荒年。善于用兵的人，只求达成目的，而不靠兵力来逞强。达成目的却不自负，达成目的却不夸耀，达成目的却不骄傲，达成目的却出于不得已，达成目的却不逞强。事物壮大了，就会趋于衰老，这就叫做不合乎道。不合乎道，很快就会消逝。

[解读]

① 本章背景为国与国之间的势力消长。诉诸武力与战争，是下下之策。"其事好还"的例证，古今皆有。如果"不得已"（无可奈何），就求"果"（以武力保存现状，以便继续生存），达成目的就够了，千万不可逞强。古代社会，兵出于农，一旦征战，收成必差，凶年必至。

② "果而勿矜"等五语，皆为戒惕。但是世间战胜之国如何可能做到？即使是体育竞赛获胜，也常见到得意忘形，以致乐极生悲的例子。

③ "物壮则老"有两种情况：一是自然产生的，有如生老病

死是人生之路；二是在世间争胜时的表现，难免盛极而衰。以上二者皆为客观事实。所谓"不道"，则有评价之意，亦即不合乎道。关键在于：是否有意或刻意去争胜，并且在成功之后，念念不忘，到处炫耀？

④　"物壮则老"三语亦见于第五十五章。

第三十一章

夫兵者，不祥之器

夫兵者，不祥之器，

物或恶（wù）之，故有道者不处。

君子居则贵左，用兵则贵右。

兵者不祥之器，非君子之器，

不得已而用之，恬淡为上。

胜而不美，而美之者，是乐（lè）杀人。

夫乐杀人者，则不可得志于天下矣。

吉事尚左，凶事尚右。

偏将军居左，上将军居右。

言以丧礼处之。杀人之众，以悲哀莅（lì）之，战胜以丧礼处之。

[白话]

武力是不吉利的东西，人们都厌恶它，所以悟道的人不接纳它。君子平时重视左方，使用武力时就重视右方。武力是不吉利的东西，不是君子的工具，如果不得已要使用它，最好淡然处之。胜利了不要得意，如果得意，就是喜欢杀人。喜欢杀人的人，就不可能在天下得到成功。吉庆的事以左方为上，凶丧的事以右方为上。副将军站在左边，上将军站在右边。这是说，作战要依丧礼来处置。杀人众多，要以悲哀的心情来看待，战胜要依丧礼来处置。

[解读]

① 本章代表老子的反战思想。战争对人类的威胁是无可比拟的，因此哲人智士大都是反战的；但是，像老子一样，把战胜当成丧礼的，则极为罕见。

② "夫兵者"王弼本作"夫佳兵者"，今依帛书甲、乙本而改。本章"君子"二见，加上第二十六章一见，全书共三见。三见皆与战备有关，可参考《易经》师卦（地水师 ䷆）之九二，由九二阳爻领军作战，其地位有如将军、大夫或君子。

③ "贵左、贵右"之说，大概源于古人认为"左阳右阴"，阳主生而阴主杀，因此用兵及凶事时，主导的上将军都居右。上将军下令开战（杀敌），副将军收拾战场（救人）。这一说法涉及古代礼仪，不易于深究。

④ "战胜以丧礼处之"一语显示了反战立场。儒家的孟子说"善战者服上刑"（《孟子·离娄上》），可见儒道二家在反对战争方面是一致的。

第三十二章

道常无名，朴

道常无名，朴。

虽小，天下莫能臣。

侯王若能守之，万物将自宾。

天地相合，以降甘露，民莫之令而自均。

始制有名，

名亦既有，夫亦将知止。

知止可以不殆。

譬道之在天下，犹川谷之于江海。

　　道永远是无名的，处于真朴的状态。虽然细微，天下没有人能够收服它。侯王如果能守住它，万物将会自动归附。天地之间阴阳之气相合，就降下甘露；人民不需要靠君王的命令，就自动均衡。万物开始出现，就有了名称；名称既已产生，就会知道适可而止，知道适可而止，就可以避免危险。以道在天下的情况来说，就像江海为河川所归。

[解读]

① 　道之无名，在第一章曾经谈过。"朴"为真朴状态，由于无名未形，可用细微之"小"（"至大无外，至小无内"，朴为未分之物，可称之为至小）来描述。第三十七章有"无名之朴"一词可相参照。第四十一章有"道隐无名"一语。

② 　"天地相合"一语，表示万物自己如此运作。推及人间，也会自己保持均衡。

③ 　"始制有名"是为了回应"道常无名"一语，有如第一章所云："无名，万物之始；有名，万物之母"。至于"知止可以不殆"，则有劝人各依其名，各安其分的意味，

要由"区分之知"走向"避难之知"（参考第十六章之
注解）。

④ "侯王若能守之"一语又见于第三十七章。"若"字有假
设及期许之意，事实上，能守之者即为"圣人"。老子笔
下的圣人为"悟道的统治者"，一般的侯王则只是统治者
而已。

第三十三章

知人者智，自知者明

知人者智，自知者明。

胜人者有力，自胜者强。

知足者富。

强行者有志。

不失其所者久，

死而不亡者寿。

[白话]

了解别人的是聪明，了解自己的是启明。胜过别人的是有力，胜过自己的是坚强。知道满足的是富有，坚持力行的是有志。不离开根据地的才会持久，死了而不消失的才算长寿。

[解读]

① 于"明"，除了"自知"，还有"知常"（第十六章）"不自见"（第二十二章）"见小"（第五十二章）等，都是指"启明"而言，表示它不是一般的聪明才智，而是化解执著之后，走向悟道境界的启明。老子的"知"，除了强调区分与避难之外，目标即是此一启明。

② "自胜者强"，因为真正的强者是可以自我作主的人。依此而论，世间未必人人有力，但是人人皆可以成为强者。老子对人的期许虽然不易达成，但无疑是均等的。

③ "强行者"是指"勤而行之"（第四十一章）的人，亦即坚持力行，也可以说是勉强而行。真正的志向在于追求悟道，除了强行别无快捷方式。

④ "不失其所"的"所"，是指本性与禀赋而言，亦即只有守住"德"，才有可能持久。至于"死而不亡"，则有二解：一是精神长存，足供后人景仰效法；二是回归道体，则将永不消逝。人若未能悟道，则身死如灯灭，因为真正恒存的只有道。老子不是宗教家，无意说明死后世界的状

况。他是哲学家，主张道是万物的来源与归宿，人若能悟道，则明白一切在道之中，如庄子所云"善吾生者乃所以善吾死也"（那妥善安排我的生命的，也将妥善安排我的死亡）（《庄子·大宗师》）。

第三十四章

大道氾兮，其可左右

大道氾（fàn）兮，其可左右。

万物恃之以生而不辞，功成而不有。

衣养万物而不为主。

常无欲，可名于小；

万物归焉而不为主，可名为大。

以其终不自为大，故能成其大。

[白话]

大道像泛滥的河水啊，周流在左右。万物靠它生存而它不干涉；成就一切而不居功。养育万物而不加以主宰。它永远保持无欲状态，可以说是小；万物都来归附，它也不

加以主宰，可以说是大。由于它从不自以为大，所以能够
成就它的大。

[解读]

① "氾"之一字，描写道像洪水，流遍各处，分不清在左在
右。这正是"周行而不殆"（第二十五章）的生动引申。
道对万物"不辞、不有、不为主"，因为道除了具备"内
存性"，还有"超越性"的一面，既不能也不必介入万物
的具体实况。

② "常无欲"三字，有些专家认为是衍文，但帛书甲、乙本
皆有"恒无欲也"。何以名之为"小"？因为"无欲"
有如"至小无内"，不能也不必容下任何东西。何以名之
为"大"？因为万物归附而它却若无其事，好像有无限
的容量（"至大无外"）。

解读《老子》

第三十五章

执大象，天下往

执大象，天下往。

往而不害，安平太。

乐（yuè）与饵，过客止。

道之出口，淡乎其无味，

视之不足见，听之不足闻，

用之不足既。

[白话]

守住最大的形象，天下人都来归附。都来归附而不互相伤害，就安乐太平到极点。乐声与美食，会让过客留步。

而"道"如果说出口来，却淡得没有味道，看它却看不见，听它却听不到，用它却用不完。

[解读]

① "大象"，老子多次以"象"形容"道"的状态，如"其中有象"（第二十一章）"无物之象"（第十四章）"大象无形"（第四十一章）等。"象"即是"像"，可译为"形象"。"大象"用来描述道，代表道被人观察到的一面。大象无所不容，所以"天下往"。

② 与"乐与饵"相比，道是淡而无味的，最平常的即是道。针对人的视与听，它是无形无声的大象，但是"用之不足既"才是重点所在。世间的礼乐教化（乐）与物质享受（饵），不但有时而穷，并且常有后遗症。

解读《老子》

第三十六章

将欲歙之，必固张之

将欲歙（xì）之，必固张之；

将欲弱之，必固强之；

将欲废之，必固举之；

将欲取之，必固与之。

是谓微明。

柔弱胜刚强。

鱼不可脱于渊，

国之利器不可以示人。

将要收敛它，必须暂且扩张它；将要削弱它，必须暂且强化它；将要废弃它，必须暂且抬举它；将要夺取它，必须暂且给予它。这叫做微妙的启明。柔弱胜过刚强。鱼不可以离开深渊，国家的有力武器不可以向人炫耀。

[解读]

① 本章前四句看似有些权谋，事实上呢？四个"固"字通"姑"，为"暂且"之意。这些更可能是长期观察世间现象的心得描述。由物极必反，势盛则衰的角度看来，或者从超越时空的眼光来看，柔弱与刚强不正是像钟摆的两端轮流上阵吗？奈何世人只见其一。因此，能由柔弱一面去理解的，称为微妙的启明。"微明"亦可作"微小之明"解，属于"以知为避难"的层次，可对照第二十八章。

② "柔弱胜刚强"，何以算是微明？因为世人在表面上只看到刚强胜柔弱，而不知柔弱之可长可久，安全无虞。"鱼不可脱于渊"，鱼比喻统治者，"渊"比喻使鱼得活之水，亦即至为柔弱的状态。相关思想见第七十八章"弱之胜强，柔之胜刚"、第七十六章"坚强者死之徒，柔弱者生

之徒"。

③ "国之利器"，是指上述微明所代表的智慧。为何"不可以示人"？因为一般人缺乏微明，将会把它当成权谋，借此达成个人偏差的欲望，而完全背离了老子立说的原意。最后以"鱼"与"国"为例，反应了老子兼顾自然界与人间的思维模式。

第三十七章

道常无为而无不为

道常无为而无不为。

侯王若能守之，万物将自化。

化而欲作，吾将镇之以无名之朴。

无名之朴，夫亦将不欲。

不欲以静，天下将自定。

[白话]

"道"总是无所作为，但是又没有东西不是出于它的作为。侯王如果能持守它，万物将会自行化生。万物化生而有人想要有所作为时，我就用无名的真朴状态来安定他。无名的真朴状态，也就是要使人不起欲望。不起欲望而趋于静止，天下将会自己稳定。

解读《老子》

[解读]

① "无为而无不为"一语，亦见于第四十八章，是对道的作用之标准描述。道是无为的，因为它不存任何目的要完成，也没有任何潜能要实现；道又是无不为的，因为任何事物或状态，如果违背道的规律，就根本无法存在。换言之，"无为"源自道的"超越性"，而"无不为"则出于道的"内存性"。

② "化而欲作"的"欲"字，应是动词（想要），而主词省略的是"有人"；如此才可接着说"吾将镇之"，亦即作为"镇"的受词"之"。理由很简单：万物中，只有"人"可能产生特定的"欲"，想要有所作为，也只有这样的人，才需要被镇以无名之朴。第三十二章有"道常无名，朴"一语，可相参照。

③ 于"自化"，第五十七章有"我无为而民自化"一语。《庄子》书中亦屡言"自化"，如"处无为而民自化"（《在宥》）"何为乎？何不为乎？夫固将自化。"（《秋水》）本章清楚显示老子的无为是"无心而为"，由不欲而使万物自化。

下篇 德经

第三十八章

上德不德

上德不德，是以有德；

下德不失德，是以无德。

上德无为而无以为；

上仁为之而无以为；

上义为之而有以为。

上礼为之而莫之应，则攘臂而扔之。

故失道而后德，

失德而后仁，

失仁而后义，

失义而后礼。

夫礼者，忠信之薄，而乱之首。

前识者，道之华，而愚之始。

是以大丈夫处其厚，不居其薄；

处其实不居其华。

故去彼取此。

[白话]

推崇禀赋的人不刻意修德，所以保存了禀赋；贬抑禀赋的人不忽略修德，所以失去了禀赋。推崇禀赋的人无所作为，并且不存任何目的；推崇行仁的人有所作为，但是不存任何目的；推崇行义的人有所作为，并且存着特定目的。推崇行礼的人有所作为而得不到响应，就举起手臂强迫别人顺从。所以，失去了道，才要讲求禀赋（德）；失去了禀赋，才要讲求仁；失去了仁，才要讲求义；失去了义，才要讲求礼。礼的出现，使忠信沦于浇薄，也是大乱的祸首。从前的有识之士，把握道的浮华外表，其实正是愚昧的开始。因此，大丈夫立身淳厚而不居于浅薄；存心实在而不陷于浮华。所以要舍弃后者而采取前者。

　　　　　　　　　　　　　　　　解读《老子》

① 王弼对本章的注为全书最长者，多达一千余字。依他所说，前两句意为：上德之人无德名而有德，下德之人有德名而无德。而德名是指"善名"。同一个"德"字，可指禀赋（得之于道者），亦可指修德（善名）。他的注解难以自圆其说，关键在于他忽略了"上、下"二字应作动词解。至于"德"之二义则仍可参考。

② "德"指禀赋或本性；"上"与"下"若作形容词，则指上等与下等，但是人的禀赋如何分上下？因此，应以"上、下"为动词，所指为"推崇、贬抑"。"上仁、上义、上礼"皆依此解。譬如，"上仁"即是"上仁者"（推崇行仁之人）。此外，由"失道而后德"一语，亦可知此一每况愈下的过程，恰与人的选择有关。另外，由"上德"与"上仁"对照可知，真正的无为是"无为而无以为"（无所作为并且不存在任何目的），这才是无心而为，完全顺其自然。"上仁"的"为之而无以为"，是先为之，再消解自身的目的。

③ "前识者"，所"识"的正是"礼"，亦即以为礼可以安定人间，结果却是"愚之始"。然后，"大丈夫"一词是指立志要悟道的人。

④ 本章依专家之见，把王弼本的"上德无为而无以为"底下的"下德为之而有以为"去掉，否则原文义理难以顺适；并且，帛书甲、乙本皆无此句。

⑤ 《庄子·知北游》："故曰：失道而后德，失德而后仁，失仁而后义，失义而后礼。礼者，道之华而乱之首也。"

⑥ "去彼取此"一语亦见于第十二章、第七十二章。

第三十九章

昔之得一者

昔之得一者：

天得一以清；地得一以宁；

神得一以灵；谷得一以盈；

万物得一以生；侯王得一以为天下贞。

其致之也，谓：

天无以清，将恐裂；

地无以宁，将恐废；

神无以灵，将恐歇；

谷无以盈，将恐竭；

万物无以生，将恐灭；

侯王无以贵高，将恐蹶（jué）。

故贵以贱为本，高以下为基。

是以侯王自谓孤、寡、不谷。

此非以贱为本邪（yé）？非乎？

故至誉无誉。

不欲琭（lù）琭如玉，珞（luò）珞如石。

［白话］

从前取得整合的，如下所述：天取得整合，才会清明；地取得整合，才会安宁；神取得整合，才会灵验；河谷取得整合，才会满盈；万物取得整合，才会生长；侯王取得整合，才会成为天下的首领。由此推衍，可以认为：天一直清明下去，恐怕就会破裂；地一直安宁下去，恐怕就会崩塌；神一直灵验下去，恐怕就会耗尽；河谷一直满盈下去，恐怕就会枯竭；万物一直生长下去，恐怕就会绝灭；侯王一直保持高贵姿态，恐怕就会失败。所以，尊贵要以卑贱为根本，高处要以低处为基础。因此，侯王自称为"孤家""寡人""仆下"。这不是把卑贱当做根本吗？不是这样吗？所以，最高的称誉是没有称誉。不要华丽如美玉，或粗糙如硬石。

[解读]

① "一"若指混沌未分的整体（全体），即是道；但是，造化在各自的领域也可以取得整合，这也是一种"一"。譬如，天若未能整合，则天不成其为一个天，又如何可以清？又如，万物若未能整合，如何相互为用而生生不已？在此所说的是：经由整合（一），一物才可达成其完美表现。但是，这只是真相的一面，还须转到另一面来看。

② "天无以清"一语中的"以"，通"已"字，意思是要问：天之清"无已时"（没有停止之时），将会出现什么后果？譬如，河上公注"谷无以盈，将恐竭"，说："言谷当有盈缩虚实，不可但欲盈满无已时，将恐枯竭不为谷。"如此理解，不但与上文相对而构成真相的另一面，并且不会显得同语重复，譬如，把"天无以清，将恐裂"解为"天不能保持清明，恐怕就会破裂"云云，如此读来实为赘语。因此，所谓"天、地、神、谷、万物、侯王"，皆为相对之物，皆有存废荣枯之时。永远整合为一而不改不殆的只有"道"。这是老子的基本立场。

③ 上两注一正一反，才可引出"贵以贱为本"等语，否则难免突兀。侯王自谓的"不谷"，依章炳麟《新方言》，为"仆"之合音，表示侯王以"仆下"谦称。此解优于以"不

谷"为"不善"。若以不谷为不善，则分别在于善恶而不在于贵贱，则如何可以接着说"以贱为本"？难道不善是善之本？"孤、寡、不谷"亦见于第四十二章。最后，"如玉"为贵，"如石"为贱，两者皆非所欲。

第四十章

反者道之动

反者道之动；

弱者道之用。

天下万物生于有，

有生于无。

[白话]

道的活动，表现在返回上；道的效用，表现在柔弱上。天下万物源自于有形者，有形者再源自于无形者。

［解读］

① "反"是返回，包括返回到对立面，以及返回到根源。由特定时段或特定角度看来，一物或一事皆在返回其对立的一端，如物极必反，否（pǐ）极泰来。钟摆总是从此端荡到彼端，不断地重复；而春夏秋冬四季的运行，则显示由重复而循环的外貌。其次，一切的重复与循环，由全盘的时段及角度看来，其实是在返回其根源，亦即都是：源自于道又返回于道。因为除了道之外，原本并无一物一事可以存在。换言之，我们所观察的万象，只不过是道的"返回"活动，没有其他目的可言。

② "弱"是柔弱，更有顺从、接受、被动、无为之意。既然一切都在"返回"其根源（道），那么除了"柔弱"之外还有别的选择吗？不过，"弱"字并非消极无奈，而是顺着返回的趋势所展现的"无目的"的样态。换言之，"弱"看似"无目的"，其实却是配合一切既定条件所能采取的唯一路线。

③ "天下万物生于有，有生于无"一语，值得深究。首先，在追溯万物的源头时，显然分三个层次，亦即：万物、有、无。许多专家认为："有"指"德"，"无"指"道"（参考第五十一章）。但是，老子书中屡见"德"与"道"，

他为何还要使用"更抽象的"概念（"有"与"无"）来使人困惑？并且，以"有"为"德"，无异于主张存在着一个与"万物"分离（至少在概念上）的"德"（本性、禀赋）的层次；而这个层次可以作为"道"与"万物"之间的中介。试问：这样的"德"如何能被理解？

④ 再者，以"无"为"道"，必须随即说明此"无"并非真正的虚无。譬如，王弼注《老子》第一章时，一方面断句为"无名，天地（在本书已更改为"万物"）之始；有名，万物之母"，另一方面他在注中说："凡有皆始于无。故未形无名之时，则为万物之始，及其有形有名之时，则长之育之亭之毒之，为其母也。"可见他以"未形无名"解释"无"，而以"有形有名"解释"有"。他的注接着说："言道以无形无名，始成万物。"换言之，以"有"指称"有形有名"，并以"无"指称"无形无名"，则此章可以解为"天下万物源自于有形（有名）者，有形（有名）者再源自于无形（无名）者"。形（与名）之有无，是针对人的感官（与理智）能力而言。我们观察万物时，在判断某物为某物之前，必须先肯定"有物"存在；在追溯"有物"时，又须承认它呈现为"混成"状态（参考第二十五章："有物混成，先天地生"）。就"有物"而言，可以说是"有"；就"混成"而言，可以说是"无"。

"无"是针对"无形亦必然无名"的"混成"而言；"有"
是针对"有形因而亦可能有名"而言。在此之后（这是
逻辑上的先后关系），才有天地与万物。

⑤ "有"与"无"是一对相反相成的概念。人所能经验及思
想的，只是"有"；但是"有"常在变化生灭之中，使
人对"有之消失"产生"无"的体认。旧"有"消失之后，
固然是"无"；新"有"出现之前，也应是"无"。于是，
"无"代表了"无形（亦无名）"的领域，为"有形（亦
有名）"的领域提供了基础。再者，"无"代表"可能性"
的领域，"有"代表"实现性"的领域。因此，说"有生
于无"，意思是：由可能性产生了实现性。不过，如此抽
象的思想，未必是老子的用意所在。

⑥ 总之，本章的"有"是指"有形有名"，"无"是指"无
形无名"。否则的话，若以"有、无"为具有确定意含的
哲学概念，并且特别以"无"来指称"道"，那么要如
何避开"道可道，非常道"的质疑？万物源自于"道"，
这是无可置疑的（第四十二章"道生一……"、第五十一
章"道生之"），然后以"无"描写道，意在突显道之"无
形无名"的特色，如此而已。

　　　　　　　　　　　　　　　　　　　　　解读《老子》

第四十一章

上士闻道

上士闻道，勤而行之；

中士闻道，若存若亡；

下士闻道，大笑之。

不笑不足以为道。

故建言有之：

明道若昧；

进道若退；

夷道若纇（lèi）；

上德若谷；

大白若辱；

广德若不足；

建德若偷；

质真若渝；

大方无隅（yú）；

大器免成；

大音希声；

大象无形；

道隐无名。

夫唯道，善始且成。

［白话］

上等材质的人一听说"道"，努力去实践；中等材质的人一听说"道"，半信半疑；下等材质的人一听说"道"，就哈哈大笑。不被这种人嘲笑，就不足以称为"道"。所以，古代立言的人说过：明显的道好像暗昧；前进的道好像后退；平坦的道好像崎岖；最高的德有如山谷；最纯的白有如含垢；广大的德好像不足；健行的德好像怠惰；质朴的真好像会变；最大的方正没有棱角；最大的器物无所完成；最大的声音几乎没有声响；最大的形象没有任何形迹；"道"幽隐而没有名称可说。只有道，善于创始万物并且完成万物。

［解读］

① 一个人是上士、中士或下士，要看他"闻道"之后的表现。因此，在译为译文时，"士"不指读书人或武士，而可就其"材质"之等级来说。上士闻道，心领神会，立即付诸行动，改变人生态度。中士闻道，时记时忘、半信半疑，虚耗了许多时光。下士闻道，认为有违他所见的世俗法则，不禁大加嘲笑。随后所举的十二句话，就是老子"正言若反"的例证，乍看之下确实难以了解。

② "明道、进道、夷道"三语中的"道"，有道路之意，因为人生无异于行路；但是，"若昧、若退、若纇"是说：表面看来却好像是相反的状况。这有些像西谚所云：诚实看似愚笨，其实却是最好的策略。

③ "上德、广德、建德"三语中的"德"是指：依人的德（本性、禀赋）而表现的作风。换言之，在此，德与"仁义"之类的善行无关。"大器免成"系依帛书乙本而改（王弼本为大家熟知的"大器晚成"），其意为"大器无成"。如此，四个大（大方、大器、大音、大象）意思一贯。

④ "道隐无名"一语，可以呼应一章的"无名"，以及第二十五章的"吾不知其名"。另外，第三十二章、第三十七章皆提及"无名"。"善始且成"，王弼本作"善

贷且成"，今依帛书乙本"善始且善成"而改。其意为：只有道善于创始万物并且完成万物。

⑤ 《庄子·寓言》有一语："大白若辱，盛德若不足。"

第四十二章

道生一

道生一，

一生二，

二生三，

三生万物。

万物负阴而抱阳，

冲气以为和。

人之所恶，唯孤、寡、不谷，而王公以为称。

故物或损之而益，或益之而损。

人之所教，我亦教之。

"强梁者不得其死"，

吾将以为教父。

[白话]

道展现为统一的整体，统一的整体展现为阴阳二气，阴阳二气交流形成阴、阳、和三气，这三气再产生万物。万物都是背靠阴而面向阳，由阴阳激荡而成的和谐体。人们所厌恶的，就是沦为"孤家""寡人""仆下"，但是王公却以此来称呼自己。所以一切事物，有时是受损反而获益，有时是获益反而受损。别人教导我的，我也用来教导别人。"强悍的人没有办法得到善终"，我将以此作为施教的开始。

[解读]

① 本章前半段向来被视为老子的万物生成论。问题是：从"道"这个源头如何产生万物？在此之间的"一、二、三"究竟何所指？比较简单的解法是：以"一、二、三"为"由简至繁"的过程，所以不必深究其指涉，但是这样只是逃避问题。比较有趣的解法是《庄子·齐物论》所说的"一与言为二，二与一为三，自此以往，巧历不能得。"意思是，"有一"与"说'有一'"就形成了"二"。亦即关键在于人的认知及判断，由此形成语言表述的世界，

使原始的"一"被分别为"二"。依此类推，这个"二"加上未分之前、不可言说的"一"，又形成了"三"。但是这样一来，重点已经由万物生成论转移到人的认识作用上了。

② 本章开始连用了四个"生"字，其意为展现、形成或产生，不必拘泥于一种"生"。

③ 另有三种解法较为常见。

第一，是以"无、有"来解释。亦即：以"无"为道，以"有"为一；再以"无"与"有"为二；然后，无与有"相生"而出现"三"。这种解法颇有形而上学意味，但未必代表老子思想（参考第四十章之注解），最大的难题是：形而上的"无"与"有"，如何真正生成形而下的万物？

第二，是以"天、地"来解释。亦即：以"天、地"为"二"，形成"道、天地、万物"的三层观点。但是，先不追究"一"与"三"何解，只要想想：天地如何能够生出万物？天地代表万物存在的"领域"，提供万物存在的"条件"，有时亦可以其包含万物的姿态而被称为"自然界"，但是充其量只能说"天地使万物得以如此产生"，而不能说"天地生万物"。或者，在说"天地生万物"时，只是比喻之意。

第三，是以"阴、阳"来解释。亦即阴阳代表"二"，是由统一的"道"所展现的二元力量，两者相反相成，在交流互动时出现"和"，并且一起形成了"三"。只有如此理解，才可以接着说："万物负阴而抱阳，冲气以为和。"此说并非毫无问题，譬如：道与阴阳的关系是什么？阴阳是力量，是形态，还是元素？或者直接就说是"气"？从万物的角度来看，"气化论"可以说得通，亦即"一、二、三"所代表的是"元气、阴阳二气、阴阳和三气"。由此可以肯定"道"的内存性，但是，如何保障"道"的超越性（"独立而不改，周行而不殆"，第二十五章）？或者，老子在别处已经谈过"道"的超越性，而在本章的重点则是万物如何生成，所以侧重"道"的内存性。换言之，道与气的关系仍然有待深究。我的意思是：气化一元论或许可以说明万物之成住坏空及循环往复，但不足以解释人类之认知与抉择"应该如何"的问题。

④ 本章后半段，从"人之所恶"直到结束，与前半段的文义并不连属，所以不必勉强一并求解。

　　　　　　　　　　　　　　解读《老子》

第四十三章

天下之至柔

天下之至柔，驰骋天下之至坚。

无有入无间，

吾是以知无为之有益。

不言之教，

无为之益，

天下希及之。

[白话]

天下最柔弱的东西，驾驭了天下最坚强的东西。无形的力量穿透了没有间隙的东西。我因此懂得了无所作为是有益的。不发一语的教导，无所作为的好处，天下很少人能够做得到。

［解读］

① 王弼注以"气"与"水"为"至柔"的例子，他说："气无所不入，水无所不经"。柔者无定形、无定质；坚者方正明确，只能处于被动。不过，柔与坚皆须就人的处世态度来看，才有深意。

② "无有入无间"，可以理解为："天地之气，本无形也，而能贯乎金石；日月之光，本无质也，而能透乎蔀（bù）屋。"（王道《老子亿》）"蔀屋"系以草席覆盖屋顶，为穷人所居之阴暗屋子。

③ "不言之教"，因为一旦发言就必存着目的，亦即要达成某种与现状不同的情况。以"不言"配合"无为"，看似"至柔"与"无有"，其实却无往而不利。"不言"与"无为"并举，在第二章为圣人之作风。可见，圣人与"吾"为同义词。

第四十四章

名与身孰亲？

名与身孰亲？

身与货孰多？

得与亡孰病？

甚爱必大费；

多藏必厚亡。

故知足不辱，

知止不殆，

可以长久。

[白话]

名声与身体，哪一个更亲近？身体与钱财，哪一个更贵重？获得与丧失，哪一个更有害？过分爱惜必定造成极大的耗费；储存丰富必定招致惨重的损失。所以，知道满足，就不会受到羞辱；知道停止，就不会碰上危险；这样可以保持长久。

[解读]

① 为了追求"名""货"而劳累或伤害身体，可谓得不偿失，因为人的身体对人而言是不可或缺、无法替代的。其次，"得与亡"是兼指名、货而言，出名得利，常常带来后遗症；无名无利，反而可以清静生活。这不只是"钟鼎山林，各有天性"的问题，并且还考虑到人生长远的苦与乐。

② "甚爱必大费"，因为人一旦执著于所爱，就会不顾一切地付出，对人如此，对物亦然。"多藏必厚亡"，因为天灾人祸将使储存财物越多的人，陷入更大的危机。

③ 人若能区分内外，进而重内轻外，做到"知足"与"知止"，自然可以安全自在。这里所说的"知"，属于"避难之知"，可参考第十六章之注解。

第四十五章

大成若缺

大成若缺，其用不弊。

大盈若冲，其用不穷。

大直若屈，

大巧若拙，

大辩若讷（nè）。

躁胜寒，静胜热。

清静为天下正。

[白话]

　　最大的圆满好像有缺陷，但它的作用不会衰竭。最大的充实好像很空虚，但它的作用不会穷尽。最大的正直好像是枉屈，最大的灵巧好像是笨拙，最大的辩才好像是木讷。疾走可以克制寒冷，安静可以化解炎热。平淡无为是天下的正途。

[解读]

① 真正的"成、盈、直、巧、辩"，在展现时都是反面的情况，这是因为明白"物极必反"的道理，所以预先自我设限，以免盛极而衰。盛若未极，则可"不弊、不穷"，一直保持旺盛的活力。

② "躁胜寒，静胜热"一语，别有一解，认为它意指：炉火可以御寒，清水可以胜热（朱谦之《老子校释》）。这是对事实所作的客观描述；但是，若由人所采取的态度或作为（疾走与安静）来理解，更符合老子"以适当方式达成合宜目的"的用意。"清静"是指平淡无为，这才是天下人的康庄大道。

第四十六章

天下有道

天下有道，却走马以粪。

天下无道，戎马生于郊。

祸莫大于不知足；

咎莫大于欲得。

故知足之足，常足矣。

[白话]

国家政治上轨道，马匹被送回农村耕田。国家政治不上轨道，战马就在郊野出生。最大的祸患，就是不知满足；最大的过错，就是想要获得。因此，知道满足的这种满足，就能永远满足了。

［解读］

① 天下"有道"与"无道"，所指为政治及社会是否上轨
道而言。老子书中如此使用"道"字，仅此一见。此用
法与一般用法（如儒家）无异。万物之中，只有人类可以
对"应行之道"作一选择，但选择的结果往往并不理想。
老子的反战思想可以参考第三十章、第三十一章。

② "却走马以粪"，意思是：退回那些走动的马匹，让它们
去耕田。"粪"：治田、耕种。

③ "知足之足"，意指：知道满足，并且以此为满足。

解读《老子》

第四十七章

不出户，知天下

不出户，知天下；

不窥（kuī）牖（yǒu），见天道。

其出弥远，其知弥少。

是以圣人

不行而知，

不见而明，

不为而成。

[白话]

不出大门，可以知道天下事理；不望窗外，可以看见自然规律。走出户外愈远，领悟道理愈少。因此，圣人不必经历就知道，不必亲见就明白，不必去做就成功。

[解读]

① "不出户，知天下"是针对人间而言。若是留意自己与家人相处的情况，推到天下去看也是大同小异，甚至可以说：真正了解"自己"，就会了解"人类"。其次，"不窥牖，见天道"是针对自然界而言。古人即使关在屋内，也有一些自然物（如造成桌椅的木头）可供观察；若是深入观察，则可以想见自然界的运作规则。

② "其出弥远，其知弥少"，因为"出"表示向外追逐，走马看花，反而难以领悟。人的"知"以向内自省为前提，若是没有"自知"，其他一切实在可有可无。然后，圣人的"不行、不见、不为"，都是正确的方法，足以达成合宜的目的："知、明、成"。

第四十八章

为学日益，为道日损

为学日益，

为道日损。

损之又损，以至于无为。

无为而无不为。

取天下常以无事，

及其有事，不足以取天下。

[白话]

探求知识，每天要增加一些；探求"道"，每天要减少
一些。减少之后还要减少，一直到无所作为的地步。无所
作为却什么都可以做成。治理天下总是无所事事，等到有
事要做，就不配治理天下了。

[解读]

① "为学日益"：探求知识，除了用功与恒心之外，别无他法。知识浩如烟海，学者能够日起有功，至少可以出类拔萃。不过，《庄子·养生主》提醒我们："吾生也有涯，而知也无涯，以有涯随无涯，殆已。"

② "为道日损"："道"是究竟真实，不但不在书本中，也不在吾人感官所对的经验世界中。因此，探求"道"，必须去除可多可少的相对知识、积非成是的世俗偏见，以及个人特有的各种欲望。最后抵达无知、无欲，以及无为的地步。

③ "无为而无不为"一语，可参考第三十七章的"道常无为而无不为"。就"道"来说，这是描述既成事实，所以译为"道总是无所作为，但是又没有东西不是出于它的作为"。就本章以人而言，则是描述可能事实，所以译为"无所作为却又什么都可以做成"。王弼说："有为则有所先，故无为乃无所不为也。"接着所谓的"取天下"云云，则显示"为道者"是指努力悟道的统治者（圣人）。

④ 关于"无为"，除了指"无所作为"，也可以指"无心而为"，亦即没有任何刻意的目的，更不会自以为是。理由

是：若"无为"仅只是无所作为，则可能成为懒惰者的借口。

⑤ 《庄子·知北游》："故曰：为道者日损，损之又损之，以至于无为。无为而无不为也。"

第四十九章

圣人常无心，以百姓心为心

圣人常无心，以百姓心为心。

善者，吾善之；

不善者，吾亦善之；德善。

信者，吾信之；

不信者，吾亦信之；德信。

圣人在天下，歙（xī）歙焉，为天下浑其心，

百姓皆注其耳目，

圣人皆孩之。

[白话]

　　圣人总是没有意念，而是以百姓的意念作为自己的意

念。善良的人，我善待他；不善良的人，我也善待他；这样可使人人行善。守信的人，我信任他；不守信的人，我也信任他；这样可使人人守信。圣人立身于天下，谨慎收敛啊，使天下人的意念归于浑然一体，百姓都努力在听在看，圣人把他们都当成纯真的孩童。

[解读]

① "圣人常无心"一语，王弼本作"无常心"；现在据帛书乙本"恒无心"而改为"常无心"。理由是：如果原文作"无常心"，则意思是"没有固定的意念"，与"无心"相近；不过，如此一来，"常心"沦为贬义，而"常"字在老子书中没有贬义；并且，庄子亦曾肯定"常心"。《庄子·德充符》："以其知得其心，以其心得其常心。"其意为："经由智力去把握那主导自我的心，再经由主导自我的心去把握普遍相通的常心。"

② 圣人对"善者、不善者"，"信者、不信者"，皆采取"无差别"的态度，用意在于化解相对的价值观，并且以统治者的宽容来启发人民的善与信。"德"字虽可通"得"，但仍可就其"禀赋"义来引申，进而理解为：禀赋展现出善（德善），以及禀赋展现出信（德信）。

③ "圣人皆孩之"一语，也有学者认为"孩"字借为"阂
（ài）"（闭），亦即圣人要闭塞百姓耳目之聪明；进而认为
这是老子的愚民政策。但是，这样如何可以呼应本章开头
所说的"以百姓心为心"？因此，"孩之"有包容之意，
意为"视之为孩童"

第五十章

出生入死

出生入死。

生之徒，十有三；

死之徒，十有三；

人之生生，动之于死地，亦十有三。

夫何故？以其生生之厚。

盖闻善摄生者，

陆行不遇兕（sì）虎，

入军不被甲兵。

兕无所投其角，

虎无所用其爪，

兵无所容其刃。

夫何故？以其无死地。

[白话]

人是从生命出发，走入死亡的。属于长寿的，占十分之三；属于短命的，占十分之三；想要照顾生命，却往往走向死亡的，也占十分之三。这是什么缘故？是因为照顾生命太过度了。听说善于养护生命的人，在陆上行走不会遇到犀牛与老虎，在战争中不会被兵器所伤。犀牛用不上它的角，老虎用不上它的爪，兵器用不上它的刃。这是什么缘故？因为他没有致命的要害。

[解读]

① "十有三"：世人有的长寿，有的短命，也有的自寻死路，再者说，这三种人大致各占三成。其中，自寻死路的人，原本想要照顾生命，结果却适得其反。现代人的养生观念正有此一隐忧，而老子的建议是顺其自然。再者说，这三种人占了十分之九，还有另外十分之一呢？应该是指稍后所谓的"善摄生者"。这样的人有十分之一吗？老子显然并不悲观。

② "以其无死地"，因为他没有任何过度的欲望，所以不会受到兕虎、兵刃（比喻世路崎岖、人情险诈）所害。王弼说："斯诚不以欲累其身者也，何死地之有乎！"

第五十一章

道生之，德畜之

道生之，德畜（xù）之，

物形之，器成之。

是以万物莫不尊道而贵德。

道之尊，德之贵，夫莫之命而常自然。

故道生之，德畜之，

长之育之，亭之毒之，养之覆之。

生而不有，

为而不恃，

长而不宰，

是谓玄德。

[白话]

由道来产生，由德来充实，由物质来赋形，由具象来完成。因此万物无不尊崇道而重视德。道受到尊崇，德受到重视，这是没有任何命令而向来自然如此的。所以，由道来产生，由德来充实，进而来成长来培育，来安定来成熟，来滋养来照顾万物。产生万物而不据为己有，作育万物而不仗恃己力，引导万物而不加以控制，这就是神奇的德。

[解读]

① "道生之"：参看第四十二章，可知道所生者为"万物"。
   "德畜之"；德是一物得之于道者，指其本性或禀赋而言，亦即充实其存在条件。"物形之"：由形以见物，有物才有形；有一物之形，则不能有他物之形。"器成之"：器是具体的万物，也是我们感觉及思考的对象。

② 道受到尊，德受到贵，正好反映了万物接受存在与肯定存在之客观事实。"自然"是自己如此，非由外力。王弼说："亭谓品其形，毒谓成其质。"因此译为安定与成熟之。

③ 本章以"器成之"取代"势成之"，乃据帛书甲、乙本而改。第二十八章有"朴散则为器"一语，可供对照。

④ "生而不有……是谓玄德"一语，已见于第十章。

解读《老子》

第五十二章

天下有始，以为天下母

天下有始，以为天下母。

既得其母，以知其子；

既知其子，复守其母，没身不殆。

塞（sè）其兑，闭其门，终身不勤。

开其兑，济其事，终身不救。

见小曰明，守柔曰强。

用其光，复归其明，

无遗身殃，是为袭常。

[白话]

天下万物有一个起源，就以它作为天下万物的母体。把握了作为母体的，可以由此认识它的孩子；认识了作为孩子的，再回去持守着母体，那么至死都不会陷于危险。塞住感官的出口，关上欲望的门径，终身都没有病痛。打开感官的出口，满足欲望的目标，终身都不可救治。能够察见细微，称为启明；能够持守柔弱，称为坚强。运用理智的光亮，返回到启明境界，不给自己带来灾害，这就叫做保持恒久状态。

[解读]

① "天下有始，以为天下母"，这句话提醒我们"无名，万物之始；有名，万物之母"（第一章）。老子以"始"字代表起源，因为万物不是自有的，而是来自于"道"。先说"始"，再说"母"，因为"母"与"子"是相对概念，正如"有名"不能脱离"万物"而出现。既然如此，我们就须由变化不已的万物，回归于母体，然后将如水滴流入大海，安全无比。

② "终身不勤"："勤"字借为"瘽"，指病痛而言。下文的"终身不救"与之对应。

③ 老子的"明"字极为重要，可以综合参考，如"知常曰明"（第十六章、第五十五章）"自知者明"（第三十三章）

"不自见故明"（第二十二章）"自见者不明"（第二十四章）。我们将"明"理解为"启明"，意在肯定那是"知"的最高境界，亦即由悟道所得的智慧。

④ 老子的"光"字，侧重于理智之光这一方面，所以会说"光而不耀"（第五十八章），"和其光"（第四章、第五十六章），以及本章的"用其光"。皆有工具或手段之意，而另立其他更重要的目的。

⑤ "袭常"一词，可参考"袭明"（第二十七章）。

第五十三章

使我介然有知

使我介然有知，行于大道，

唯施（yí）是畏。

大道甚夷，而人好（hào）径。

朝甚除，田甚芜，仓甚虚；

服文彩，带利剑，厌饮食，财货有余；

是谓盗夸（kuā）。非道也哉！

[白话]

假使我确实有所认识，就会顺着大道走去，只担心误入歧途。大道很平坦，可是人君却喜欢走斜径。朝廷很腐败，田园很荒芜，仓库很空虚，却还穿着锦绣衣服，佩带锋利

　　　　　　　　　　　　解读《老子》

宝剑，饱餍精美饮食，财货绰绰有余，这就叫做强盗头子。根本不是正途啊！

[解读]

① "介然"：一般有"微小"及"坚固"二解。就"知"与"行"必须配合看来，以作"坚固"（确实）为宜。若作"微小"，则有程度上的考虑，用于"知"，不太适合。

② "唯施是畏"："施"读为"迤（yí）"，邪（斜）行也。"而人好径"：王弼本作"而民好径"，但是下文所论，针对"人君"而言，不宜作"民"。"径"有"邪而不正"之意。

③ "朝甚除"："除"借为"污"，腐败之意。"盗夸"一词，在《韩非·解老》作"盗竽"，所谓"竽为众乐之倡，一竽唱而众乐和。大盗倡而小盗和，故曰盗竽。"所指亦为盗魁。

第五十四章

善建者不拔

善建者不拔，

善抱者不脱，

子孙以祭祀不辍。

修之于身，其德乃真；

修之于家，其德乃余；

修之于乡，其德乃长；

修之于邦，其德乃丰；

修之于天下，其德乃普。

故以身观身，以家观家，以乡观乡，以邦观邦，以天下观天下。

吾何以知天下然哉？以此。

解读《老子》

善于建立的不可拔除，善于抱持的不会脱落，子孙依此原则，可以世代享受祭祀。这种修养用于自身，德行就会真实；用于家庭，德行就会有余；用于乡里，德行就会长久；用于邦国，德行就会丰盛；用于天下，德行就会普遍。所以，要从我的自身去观察别人，从我的家庭去观察别的家庭，从我的乡里去观察别的乡里，从我的邦国去观察别的邦国，从我的天下去观察别的天下。我怎么知道天下的情况呢？就是用这种方法。

［解读］

① 本章所谓"善建""善抱"，皆指正确的"修"而言。所修者可以由自身推及天下，而其效应则在于"德"。

② 本章谈到"修"与"德"，并且历程包括"身、家、乡、邦、天下"，对比儒家在《大学》所说的"修身、齐家、治国、平天下"，还多出一个"乡"的层次。差别在于：儒家的"修齐治平"皆有所针对（身、家、国、天下），而老子所谓的修与德，是因所修之范围不同（身、家、乡、邦、天下）而德的效应应亦随之扩大。

③ "德"有"真、余、长、丰、普"五种状况，因此在翻译时可以译为"德行"，以示其可变性与推广性。不过，说是"德行"，又不针对"善行"而言，这正是老子思想的特色所在。换言之，道家的"德"字原意为"得"，就其得之于己亦可得之于人而言，可说它是"德行"，就己与人皆复归于德而言，可说它是本性或禀赋。

④ "德"作为本性或禀赋，在"观"时就可以以己通人了。然后，"不出户，知天下"（第四十七章）是可能的；并且由今日之天下，亦可推知其他时代的天下。

第五十五章

含德之厚，比于赤子

含德之厚，比于赤子。

毒虫不螫（shì），猛兽不据，攫（jué）鸟不搏。

骨弱筋柔而握固，

未知牝（pìn）牡之合而朘（zuī）作，精之至也。

终日号而不嗄（shà），和之至也。

知和曰常，

知常曰明。

益生曰祥，

心使气曰强。

物壮则老，谓之不道，

不道早已。

[白话]

保存禀赋若是深厚，就像初生婴儿一样。毒虫不叮刺他，猛兽不抓咬他，凶禽不扑击他。他筋骨柔弱，可是拳头握得很紧；还不懂得男女交合，可是小生殖器自动挺起，这是专注到极点的缘故。他整天号哭，喉咙却不会沙哑，这是和谐到极点的缘故。懂得和谐，叫做恒久；懂得恒久，叫做启明。贪求生活享受，叫做灾殃；意念操纵体力，叫做逞强。事物壮大了，就会衰老，这称为不合乎"道"，不合乎"道"的很快就会结束。

[解读]

① "含德之厚"："德"指禀赋或本性，而不宜涉及德行。"比于赤子"：赤子仍然处于人的原始状态，与物无争，亦不受其害。赤子亦指婴儿，可对照第十章、第二十章、第二十八章。

② "精之至"与"和之至"，所指为"专注"与"和谐"，而不必界定为精气与和气。

③ "益生曰祥"："祥"指妖祥，为灾异之祥。"心使气曰强"：心是意念，气指体力而言；"心使气"，是说让欲望带着自己去有所作为。

④ "物壮则老"之语，可对照第三十章有关战争的描述。

第五十六章

知者不言，言者不知

知者不言，言者不知。

塞其兑，闭其门，

挫其锐，解其纷，

和其光，同其尘，

是谓玄同。

故不可得而亲，不可得而疏；

不可得而利，不可得而害；

不可得而贵，不可得而贱。

故为天下贵。

[白话]

　　了解的，不谈论；谈论的，不了解。塞住出口，关上

门径，收敛锐气，排除纷杂，调和光芒，混同尘垢，这就
是神奇的同化境界。所以，人们无从与他亲近，也无从与
他疏远；不能让他得利，也不能让他受害；无法使他高贵，
也无法使他卑贱。因此，他受到天下人重视。

[解读]

① "知者不言，言者不知"，何以如此？因为所知与所言的
内容是"道"。稍后所谓的"玄同"，即反映了道之"混
成"状态。

② "塞其兑"等二语，亦见于第五十二章。"挫其锐"等四
语，亦见于第四章。

③ "玄同"之后，连续六个"不可得"，表示：既然一切皆
无分别，都同化于一个道中，还有什么"亲疏、利害、贵
贱"可以计较呢？外在的力量对他无可奈何，正是庄子所
说的"内不化"。"古之人，外化而内不化。"意即：古代
的人，随外物变化而内心保持不变。

④ "知者不言，言者不知"一语，亦见于《庄子·天道》和
《庄子·知北游》。

第五十七章

以正治国，以奇用兵

以正治国，以奇用兵，

以无事取天下。

吾何以知其然哉？以此。

天下多忌讳，而民弥贫；

民多利器，国家滋昏；

人多伎（jì）巧，奇物滋起；

法物滋彰，盗贼多有。

故圣人云：

"我无为而民自化；

我好（hào）静而民自正；

我无事而民自富；

我无欲而民自朴。"

　　用正规方法治国，用出奇谋略作战，但是用无所事事才可取得天下。我怎么知道是这样的？是根据以下的事实。天下的禁忌多了，人民就愈贫穷；民间的利器多了，国家就愈昏乱；人们的技巧多了，怪事就愈增加；珍奇货物彰显了，盗贼越来越多。所以，圣人说："我无所作为，而人民自行发展；我爱好清静，而人民自己端正；我无所事事，而人民自然富足；我没有欲望，而人民自求真朴。"

[解读]

①　"以正治国，以奇用兵"，这两者搭配使用，可以获得一定的效益。但是，若要取天下，则须"以无事"。稍后所论，皆指"取天下"而言。

②　"忌讳"多了，人民动辄得咎，无法发挥智力，自然陷于贫困。"利器"多了，人民借此牟利，彼此钩心斗角，国家难免昏乱。"伎巧"多了，人民求新求变，花样层出不穷，邪僻怪事日增。最后，王弼本是"法令滋彰"，但竹简本、帛书本皆为"法物滋彰"，"法物"为珍贵财货。此说可对照第三章"不贵难得之货，使民不为盗"，以及

第十九章"绝巧弃利，盗贼无有"。老子所谓盗贼皆与珍贵财货之彰显有关。

③　圣人之"无为，好静，无事，无欲"，皆来自于悟"道"。从道的角度来看，一切"有为，好动，有事，有欲"，最后都会归于虚无，既然如此，何必自寻烦恼？

第五十八章

其政闷闷，其民淳淳

其政闷（mèn）闷，其民淳（chún）淳；

其政察察，其民缺缺。

祸兮，福之所倚，

福兮，祸之所伏。

孰知其极？其无正也。

正复为奇，善复为妖。

人之迷，其日固久。

是以圣人方而不割，

廉而不刿（guì），

直而不肆，

光而不耀。

［白话］

为政者粗疏，人民就淳厚；为政者苛细，人民就狡诈。灾祸啊，幸福紧靠在它旁边；幸福啊，灾祸潜藏在它里面。谁知道究竟是怎么回事？祸福是没有一定的。正常会再变为反常，善良会再变为邪恶。人们的迷惑，已经很久了。因此，圣人方正而不会生硬勉强，锐利而不会伤害别人，直率而不会无所顾忌，明亮而没有耀眼光芒。

［解读］

① 祸与福之间的关系十分复杂。《韩非子·解老》说："人有祸则心畏恐，心畏恐则行端直，行端直则思虑熟，思虑熟则明事理。"又说："人有福则富贵至，富贵至则衣食美，衣食美则骄心生，骄心生则行邪僻而动弃理。"这两个系列的因果，是由观察经验而得，世间少有例外。

② "人之迷，其日固久"一语，可说是老子立言的苦心所在。

③ 圣人"方、廉、直、光"，但是却无相对的流弊（割、刿、肆、耀），其表现令人赞叹。

第五十九章

治人事天，莫若啬

治人事天，莫若啬。

夫唯啬，是谓早服，

早服谓之重（chóng）积德。

重积德则无不克。

无不克则莫知其极；

莫知其极，可以有国；

有国之母，可以长久。

是谓深根固柢，长生久视之道。

[白话]

治理人民，事奉上天，没有比省约更好的方法。正因为省约，可说是早有准备；早有准备，也就是不断累积禀赋；不断累积禀赋，就没有不能克服的事；没有不能克服的事，就无法知道他的极限；无法知道他的极限，他才可以统治国家；掌握了统治国家的根本，才可以长治久安；这就是深植与稳固根底，长生久存的原则。

[解读]

① "治人事天"一语中的"事天"，值得深究。首先，既能治人又须事天的，只有统治者一人；而统治者事天，在古代有"天子"之称，乃是常识。其次，老子的思想重点，在于"以道代天"（参考第六章之注解），意在传承天之"造生、载行"义，并使"自然之天"重新获得一个超越的依据——道；但是，天之"主宰"义并未完全消失，所以统治者仍须"事天"。换言之，自然之天（展现为固定规律）与主宰之天（仍含有特定意志），这两者之间的矛盾在老子思想中尚未完全化解。正是因为如此，老子会有"天将救之，以慈卫之"（第六十七章）一语。然后，老子本章之用心，即在提出"啬"字。所谓"莫若啬"一语，正好反映了另外还有各种方法。这个"啬"字证明了老子压抑天之主宰义，而抬高天之自然义。

② "重积德"："重积"是不断累积，能够不断累积的应该是"德行"，但是老子无意推广"德行"（如仁义）。因此，德应该指禀赋而言，但是禀赋如何可以不断累积？由此可知，人的禀赋并非封闭自足，而须在生命历程中依循"道"的启发，进行动态开展，亦即不断在做"深根固柢"的工作。换言之，人的"重积德"，表现为"开展即是回归"（犹如"反者道之动"），"有为即是无为"（亦即"无为而无不为"）。这一切的关键，即在"啬"，俭省节约也。

第六十章

治大国，若烹小鲜

治大国，若烹小鲜。

以道莅天下，其鬼不神；

非其鬼不神，其神不伤人；

非其神不伤人，圣人亦不伤人。

夫两不相伤，故德交归焉。

[白话]

　　治理大国，要像烹调小鱼。用"道"来领导天下人，鬼就失去神妙作用；不但鬼失去神妙作用，神也不会干扰人；不但神不会干扰人，圣人也不会干扰人。神与圣人都不干扰人，所有的禀赋都得以保存了。

[解读]

① "若烹小鲜"：河上公注："烹小鱼不去肠、不去鳞、不敢挠，恐其糜也。"意思是要尽量无为而治。

② "其鬼不神"：高延第说："有道之君御天下，上下安于性命之情，不邀福，不稔（rěn）祸，祈祷事绝，妖祥不兴，故其鬼不神。《庄子》云：'一心定而王天下，其鬼不祟。'又云：'阴阳和静，鬼神不扰。'皆此义也。"(《老子证义》)人们无所求而无所慕，无所敬亦无所畏，因而保存禀赋（德），平安度日。

③ 古人对鬼神，仍有某种信仰，认为鬼神介于人与天（或上帝）之间，可以对人间施以福祸。老子沿袭此一说法，而将重点转移至"道"。我们不必全以阴阳二气来解释"鬼神"。

第六十一章

大国者下流

大国者下流，

天下之牝（pìn），天下之交也。

牝常以静胜牡，以静为下。

故大国以下小国，则取小国，

小国以下大国，则取大国。

故或下以取，或下而取。

大国不过欲兼畜（xù）人，

小国不过欲入事人。

夫两者各得所欲，

大者宜为下。

[白话]

大国居于江河的下流，处于天下雌性的位置，为天下所归附。雌性总是以安静来胜过雄性，因为安静才可处于下位。所以大国对小国谦下，就取得小国的信赖；小国对大国谦下，就取得大国的信任。所以，有的是靠谦下来取信，有的是因谦下而取信。大国不过是想聚养人，小国不过是想归附人。这样两者都可以满足愿望，而大国应该处于下位。

[解读]

① 本章背景应该是众多诸侯之国互相争战的时代。老子认为大国要谦下，才可包容小国。小国既然小，没有不谦下的条件。

② "或下以取"，是指大国以"谦下"为适当的手段，取得小国的信赖。"或下而取"，是指小国本来就会谦下，由此取得大国的信任。王弼说："牝，雌也。雄躁动贪欲，雌常以静，故能胜雄也。以其静复能为下，故物归之也。"牝为雌，可为母，故可畜雄。

③ "两者各得所欲"一语，表示老子接受诸侯分立的现状，同时又盼望止戈息武，和平共存。证诸历史，这种想法显得不切实际。本章出现三个"欲"字，可见老子并不反对"有欲"，可对照第一章对"有欲"与"无欲"的解读。

第六十二章

道者，万物之奥

道者，万物之奥。

善人之宝，不善人之所保。

美言可以市，尊行可以加人。

人之不善，何弃之有？

故立天子，置三公，

虽有拱璧以先驷马，

不如坐进此道。

古之所以贵此道者何？

不曰：求以得，有罪以免邪（yé）？

故为天下贵。

道，是万物的庇荫。它是善人的宝贝，不善人的依靠。美妙的言词可以用于社交，高贵的行为可以赢得尊敬。人就算有不善的，又怎能舍弃道呢？所以，天子即位，大臣就职时，虽然举行先奉上拱璧、后奉上驷马的礼仪，还不如就用"道"作为献礼。古代重视道的原因是什么呢？不正是说：有求的即能获得，有罪的可以免除吗？所以为天下人所重视。

[解读]

① "不善人之所保"：不善之人也要依靠"道"才可得到保全。本章中间的"人之不善，何弃之有"，以及稍后的"有罪以免"，皆与此呼应。"人之不善，何弃之有？"所说的并非"道"不会舍弃不善的人，而是不善的人不应舍弃道。若是舍弃了道，人生将如无源之水，难免于绝望。唯有道能使人"求以得，有罪以免"。

② "三公"：太师、太傅、太保。"拱璧"：圆镜形中有圆孔的玉。

③ "道"能够让人"求以得，有罪以免"，因为一切皆来自

于道，又回归于道。若能悟道，则尚有何求？又有何罪不可免？这七字箴言是一切宗教的共法。宗教皆欲使其信徒"求以得，有罪以免"。王弼本作"以求得"，应据帛书乙本改为"求以得"。

第六十三章

为无为，事无事，味无味

为无为，事无事，味无味。

大小多少，报怨以德。

图难于其易，为大于其细；

天下难事，必作于易；

天下大事，必作于细。

是以圣人终不为大，故能成其大。

夫轻诺必寡信，多易必多难。

是以圣人犹难之，故终无难矣。

［白话］

所作为的，是无所作为；所从事的，是无所事事；所品味的，是淡而无味。大小多少不必计较，以德行来回应怨恨。解决困难，要在它还容易的时候；成就伟大，要在它还微小的时候；天下的难事，一定开始于容易；天下的大事，一定开始于微小。因此，圣人从不自以为伟大，所以能够成就他的伟大。轻易就许诺的，一定很少能守信；看事情太容易的，一定先遇上各种困难。因此，圣人总把事情看得困难，以致最后毫无困难。

［解读］

① "为无为，事无事，味无味"：王弼注："以无为为居，以不言为教，以恬淡为味，治之极也。"这是统治的最高境界。老子书中，许多话都是描写悟道的统治者的作风。我们不必成为统治者，但却依然可以悟道，并在个人的生活圈中加以体验。这三句话皆不离"无心而为"的原则。

② "大小多少，报怨以德"：可参照第七十九章"和大怨，必有余怨，安可以为善？""报怨以德"一语常被认为是老子的处世态度。《论语·宪问》："或曰'以德报怨，

何如？'子曰：'何以报德？以直报怨，以德报德。'"老子与孔子的立场，由此可见其异。

③ 有关"难、易"与"大、小"的讨论，意在提醒人早作准备，因为任何事物都是渐进形成的。缺少远见与决心，将会寸步难行。"轻诺必寡信，多易必多难"一语，实为人生至理名言。

第六十四章

其安易持

其安易持，其未兆易谋。

其脆易泮（pàn），其微易散。

为之于未有，治之于未乱。

合抱之木，生于毫末；

九层之台，起于累土；

千里之行，始于足下。

为者败之，执者失之。

是以圣人无为故无败，无执故无失。

民之从事，常于几成而败之。

慎终如始，则无败事。

是以圣人欲不欲，不贵难得之货；

学不学，复众人之所过，

以辅万物之自然而不敢为。

　　情况安定时容易把握，情况尚无迹象时容易图谋。事物脆弱时容易化解，事物微细时容易消散。要在事情尚未发生时就处理好，要在祸乱尚未出现时就控制住。合抱的大树，是从小芽苗长成的；九层的高台，是从一匡土堆起的；千里的行程，是从脚底下跨出的。作为的将会失败，把持的将会落空。因此，圣人无所作为，也就不会失败；无所把持，也就不会落空。人们做事，常在快要成功时反而失败。面对事情结束时，能像开始时那么谨慎，就不会招致失败了。因此，圣人想要的就是没有欲望，不重视稀有的商品；想学的就是没有知识，补救众人所犯的过错，以此助成万物自己如此的状态，而不敢有所作为。

［解读］

①　本章开头，连续四个"易"字，来自丰富经验与深刻观察，显示悟道之人的自信，能够见微知著。接着所论的

"合抱之木、九层之台、千里之行"，肯定了"慎始"的重要。接着谈及"民之从事"一语，则强调了"慎终"的重要。只有慎始慎终，才可使各种活动顺利完成。

② 然而，"众人之所过"一语提醒我们：人间活动以"败、失"居多，造成无数后遗症。而圣人之"欲不欲"与"学不学"，是为了彰显"无欲"与"无知"的理想。唯其如此，才可助成"万物之自然"。关于"自然"概念，在本书共出现五次，可参考第十七章、第二十三章、第二十五章和第五十一章。

③ 本章所说"无为故无败，无执故无失"以及结语的"不敢为"，皆有"无心而为"的用意，而非只是"无所作为"。若是完全无所作为，又怎么谈得上"慎始慎终"？至于无心而为，则以洞察全体的智慧为前提，如本章所述，最后也才做得到"辅万物之自然"。

第六十五章

古之善为道者

古之善为道者，非以明民，将以愚之。

民之难治，以其智多。

故以智治国，国之贼；

不以智治国，国之福。

知此两者亦稽式。

常知稽式，是谓玄德，

玄德深矣，远矣，

与物反矣，

然后乃至大顺。

从前善于推行"道"的人，不是用道来教人民聪明，而是用道来教人民愚昧。人民所以很难治理，是因为他们智巧太多。因此，以智巧来治理国家，是国家的灾祸；不以智巧来治理国家，是国家的福气。认识这两者就是明白了法则。总是处于明白法则的状态，就称为神奇的德，神奇的德深奥啊，遥远啊，与万物一起回归啊，然后抵达最大的顺应。

[解读]

① "非以明民，将以愚之"一语，常被视为老子的愚民主义。然而，此语中的两个"以"字，显然是承"善为道者"的"道"字而言，亦即"以道"来明之或愚之。如此一来，情况就不同了。在人看来为愚的，在道往往为明，如此又何愚民之有？进一步分析可知，老子对于人的认知能力有所了解。凡人的认知多为"区分之知"，由此造成比较与计较而争执不已，然后是竞争、斗争与战争。若将认知提升为"避难之知"，则可表现"知其雄，守其雌"（第二十八章），全身保真。至于圣人，则因悟道而有"启明

之知"。此义贯穿老子全书。

② 承上所述，治国要不要以智呢？答案是否定的。认清国
之贼与国之福，就知道应该依循的法则了。"玄德"一词
亦见于第十章，是"善为道者"的表现，既神奇又深远，
而结果则是"大顺"。"与物反矣"一语，可配合"反者
道之动"（第四十章）来看。

解读《老子》

第六十六章

江海所以能为百谷王者

江海所以能为百谷王者，以其善下之，

故能为百谷王。

是以圣人欲上民，必以言下之；

欲先民，必以身后之。

是以圣人处上而民不重，处前而民不害。

是以天下乐推而不厌。

以其不争，故天下莫能与之争。

[白话]

江海所以能成为百川归往之处，是因为它善于处在低下的位置，这样才能让百川归往。因此，圣人想要居于人民之上，一定要言语谦下；想要居于人民之前，一定要退让于后。如此，圣人居于上位而人民不觉得有负担；站在前列，而人民不觉得有妨碍。于是天下人乐于拥戴他而不会嫌弃。因为他不与人争，所以天下没有人能够与他争。

[解读]

① 本章以"江海"为喻，生动地指出：作为统治者的圣人有所欲，必须"以言下之，以身后之"。如此在领导及治理时，百姓"不重"也"不害"，还会"乐推而不厌"。老子这种想法的焦点是"圣人统治者"，犹如柏拉图所谓的"哲学家君王"，在现实世界恐怕都难以实现。

② "不争"是处世的重要原则。不过，不争只能保证不会失败，譬如不参加竞争，当然无从失败；但是要说"天下莫能与之争"，则似乎又必须针对那位"圣人统治者"才有意义。

解读《老子》

第六十七章

天下皆谓我道大

天下皆谓我道大，似不肖。

夫唯大，故似不肖。

若肖，久矣其细也夫。

我有三宝，持而保之。

一曰慈，二曰俭，三曰不敢为天下先。

慈故能勇；

俭故能广；

不敢为天下先，故能成器长。

今舍（shě）慈且勇，舍俭且广，舍后且先，死矣。

夫慈，以战则胜，以守则固。

天将救之，以慈卫之。

　　天下人都认为我的"道"太大了，似乎什么都不像。正因为它太大，所以似乎什么都不像。如果像是什么东西，早就变得很渺小了。我有三种法宝，一直掌握及保存着。第一是慈爱，第二是俭约，第三是不敢居于天下人之先。因为慈爱，所以能够勇敢；因为俭约，所以能够推扩；因为不敢居于天下人之先，所以能够成为众人的领袖。现在如果舍弃慈爱而求取勇敢，舍弃俭约而力求推扩，舍弃退让而争取领先，结果只有死亡了。以慈爱来说，用于战争就能获胜，用于守卫就能巩固。天要救助一个人，会用慈爱去保护他。

[解读]

① 　"道"之大，是至大无外，包含一切在其内，所以不可能肖似任何具体之物。否则，再怎么大，也有定限，也不值得一提。

② 　"三宝"：一、慈代表母性的爱，以宽容为上；老子常以"母"喻道，因为万物皆由道而生，皆应受到宽待；二、俭是俭约，要收敛及约束欲望；三、不敢为天下先，要退

让居后而不争。

③ "慈故能勇"：因为要包容及保存一切，所以奋不顾身。孔子说："仁者必有勇，勇者不必有仁。"（《论语·宪问》）可资参考。"俭故能广"：因为俭约不浪费，所以万物的效用可以推扩到极限。"不敢为天下先，故能成器长"："成器长"一词常被译为"万物的领袖"，其实所指只是天下众人之长而已。

④ "天将救之，以慈卫之"：天要救助一人，则此人必能领悟"慈"的道理，然后"慈，以战则胜，以守则固"，不是达成天意了吗？老子有"天将救之"一语，又配合"慈"之自然效应来谈，显示他在主宰之天与自然之天这两者的关系上，仍在力求协调。

第六十八章

善为士者，不武

善为士者，不武；

善战者，不怒；

善胜敌者，不与；

善用人者，为之下。

是谓不争之德，

是谓用人之力，

是谓配天，古之极也。

[白话]

　　善于担任将帅的人，不崇尚武力；善于作战的人，不轻易发怒；善于克敌制胜的人，不直接交战；善于用人的人，

对人态度谦下。这叫做不与人争的操守，这叫做运用别人的
力量，这叫做符合天道的规则，这是自古已有的最高理想。

[解读]

① "善为士者"：王弼注："士，卒之帅也。"在此，"士"
作将帅解。"为士"也可以解为"率领士卒"。两者意思
相去不远。

② 将帅若能做到"不武、不怒、不与、为之下"，则将战无
不胜。最后还是归结为"不争之德"。在此，"德"指操
守或表现而言。至于"配天"一词，亦存古意。

第六十九章

用兵有言

用兵有言：

"吾不敢为主，而为客；

不敢进寸，而退尺。"

是谓行（háng）无行，攘无臂，

扔无敌，执无兵。

祸莫大于轻敌，

轻敌几丧吾宝。

故抗兵相若，哀者胜矣。

[白话]

指挥军队的人说过："我不敢采取攻势，而要采取守势；不敢前进一寸，而要后退一尺。"这就是说，陈列而没有阵势，奋举而没有臂膀，对抗而没有敌人，持握而没有兵器。祸患没有比轻敌更大的，轻敌将会丧失我的法宝。所以，两军对抗而兵力相当时，慈悲的一方可以获胜。

[解读]

① 主与客：作战时，"主"代表采取主动攻势；"客"代表被动迎战，采取守势。一般而言，攻比守要耗费更多兵力。

② "行无行"等四语，表示不落形迹，亦不受局限，"实则虚之，虚则实之"，因为指挥官没有"一定要如何"的执著，而可以随着形势调整策略。这一切的背后是不敢轻敌，所以戒慎恐惧。"行无行"，"行"为直排，"列"为横排。正规的行列布阵，一行有二十五人，一百人为"卒"。

③ "轻敌几丧吾宝"：一般认为，"吾宝"是指"三宝"（第六十七章）；不过从后续所说的"哀者胜矣"看来，应该是专指三宝之首的"慈"而言。"哀"有慈悯、不忍之意；所谓"慈故能勇"，"以战则胜"（第六十七章）。哀兵是不得已而战，自然不会轻敌，所以常可获胜。王弼说："哀者必相惜，而不趋利避害，故必胜。"

第七十章

吾言甚易知，甚易行

吾言甚易知，甚易行。

天下莫能知，莫能行。

言有宗，事有君。

夫唯无知，是以不我知。

知我者希，则我者贵。

是以圣人被（pī）褐（hè）怀玉。

[白话]

我的言论很容易了解，也很容易实践。天下人却没办法了解，也没办法实践。言论有宗旨，行事有根据。正是因为无知，所以不了解我。能了解我的很少见，能效法我的很可贵。因此，圣人外面穿着粗衣，怀内揣着美玉。

[解读]

① 老子认为自己的言论"甚易知，甚易行"，因为他所讲的，只是让一切回归自己如此的状态；他所做的，只是"无心于为"与"无所作为"，让一切顺着本性与禀赋去发展。由此衍生出柔弱、顺从、谦下、不争的表现，确实可说是"易知易行"。

② 为什么天下人"莫能知，莫能行"呢？因为大家对"道"（究竟真实）太陌生了，以致忘记了那是万物的起源以及万物的归宿，然后只好困陷于人间的相对价值观中，作徒然无谓的挣扎，并在最后空留各种遗憾。人们不仅对"道"遗忘，连对"德"（本性与禀赋）也迷失了，亦即以"德"为工具，去换取外在短暂的利益，以致得不偿失。

③ "言有宗，事有君"：老子的言论宗旨在于为世人展示"道"；而他的行事根据则是保存天赋之"德"。

④ "圣人被褐怀玉"一语，可以代表老子在大众心目中的"圣人"形象。由本章可知，"吾"与"我"皆是圣人之同义词。

第七十一章

知不知，尚矣

知不知，尚矣；

不知知，病也。

圣人不病，以其病病。

夫唯病病，是以不病。

[白话]

　　知道而不自以为知道，最好；不知道而自以为知道，就是缺点。圣人没有缺点，因为他把缺点当做缺点。正因为他把缺点当做缺点，所以他没有缺点。

解读《老子》

[解读]

① "知不知"一语，通常有二解：一是"知道自己不知道"；二是知道而不自以为知道。我们采取后者，理由有三：一、"知道自己不知道"，是一个出发点，而不是一个最终目标，所以不宜说是"尚"；世人虽然"强不知以为知"，但亦不能说是毫无所知；二、以"尚"描写圣人，应属合宜，那么试问：圣人是"知道自己不知道"，还是"知道而不自以为知道"？三、配合"不知知"一语来看，学者大多译此语为"不知道而自以为知道"，那么对"知不知"要怎么译呢？当然是"知道而不自以为知道"了。

② "圣人不病，以其病病"：为什么"病病"就可以"不病"？因为当圣人把缺点当做缺点来看时，自然会设法避开或改善了。问题是：一般人并不认为"不知知"是毛病，所以终身带着这种毛病。

第七十二章

民不畏威

民不畏威，则大威至。

无狎（xiá）其所居，无厌（yā）其所生。

夫唯不厌（yā），是以不厌（yàn）。

是以圣人自知不自见；

自爱不自贵。

故去彼取此。

[白话]

人民不害怕威迫的时候，大的祸乱就来到了。不要打断人民的日常生活，不要压制人民的谋生之路。只有不压制人民，才不会被人民讨厌。因此，圣人了解自己而不显扬自己；爱惜自己而不抬高自己。所以，舍去后者而采取前者。

[解读]

① 本章"威"字二见：一为威迫，一为祸乱。依王弼注，谈到"大威"时，甚至说是"上下大溃""天诛将至"，其祸乱之严重程度难以想象。

② "无狎其所居"："狎"字通"闸"，为截断、关闭之意。若"狎"作"狭"，则意为"不要狭迫（窄化）人民的居处"，意思较晦。

③ 本章"厌"字三见，前二者意为"压制"；而"是以不厌"的"厌"，则指"讨厌"。

④ 圣人"不自见，不自贵"，自然不会干扰及威迫百姓了。"去彼取此"一语亦见于第十二章、第三十八章。

第七十三章

勇于敢则杀

勇于敢则杀，

勇于不敢则活。

此两者，或利或害。

天之所恶，孰知其故？

天之道，

不争而善胜，

不言而善应，

不召而自来，

繟（chán）然而善谋。

天网恢恢，疏而不失。

[白话]

勇于敢作敢为，就会丧命；勇于不敢作为，就会活命。

这两种勇的结果，一获利一受害。上天所厌恶的，谁知道其中的缘故？自然法则的运作是：不争斗而善于获胜，不说话而善于回应，不召唤而自动到来，虽迟缓而善于谋划。自然的罗网广大无边，虽然疏松却没有任何漏失。

[解读]

① "勇于敢"一语，可参考"坚强者死之徒，柔弱者生之徒"（第七十六章）。"敢"指涉"坚强"，而"不敢"指涉"柔弱"，这是老子的一贯立场。较为特别的是："不敢"也需要"勇"，而这种"勇"显然更为不易。

② 本章三个"天"字，值得省思。首先，"天之所恶"一语，表示"天"有好恶，亦即具有主宰性格。但是随即加上的"孰知其故？"一语，就透露了老子不愿多加着墨，亦即不愿询问天的意志是什么。然后，立刻转而介绍"天之道"，意指"自然界的规律"。"天之道"所取法的，当然是"道"了，因为"天法道"（第二十五章）。于是，"不争而善胜"四语，颇为符合其他各章有关"道"的描述。最后，"天网"一词，是指自然界的范围所形成的罗网，是无物可以脱逃的。

第七十四章

民不畏死

民不畏死，奈何以死惧之？

若使民常畏死，

而为奇者，吾将得而杀之，孰敢？

常有司杀者杀。

夫代司杀者杀，是谓代大匠斲（zhuó）。

夫代大匠斲者，希有不伤其手矣。

[白话]

人民不害怕死亡时，怎么能用死亡来恐吓他们？如果让人民真的害怕死亡，对那些捣乱的人，我就可以抓来杀掉，那么谁还敢再捣乱？总是有行刑官去执行杀人。代替行刑

　　　　　　　　　　　　　　　　　解读《老子》

官去执行杀人的，就像代替大木匠去砍木头一样。代替大木匠去砍木头，很少有不砍伤自己手的。

[解读]

① "民不畏死"一语的背景，是民不聊生，甚至生不如死，这时还有什么好怕的？不去思考这样的背景，却只想以杀止乱，正是缘木求鱼。

② "常有司杀者杀"：在此，"常"字暗示自然法则，亦即人的生死是由自然法则来决定，犹如自然的行刑官，可参考"天网恢恢，疏而不失"（第七十三章）。这里所说的不是宿命论，而是指出：若是违背自然法则，将会自寻死路。

③ "代司杀者杀"一语，提醒统治者不要以为自己可以代天行道，决定人民的生死。凡是这样做的人，"希有不伤其手"，甚至所伤的不只是手。

第七十五章

民之饥，以其上食税之多

民之饥，以其上食税之多，是以饥。

民之难治，以其上之有为，是以难治。

民之轻死，以其上求生之厚，是以轻死。

夫唯无以生为者，是贤于贵生。

[白话]

人民陷于饥饿，是由于统治者吃掉太多税赋，因此陷于饥饿。人民难以治理，是由于统治者喜欢有所作为，因此难以治理。人民轻易赴死，是由于统治者生活奉养丰厚，因此轻易赴死。只有不刻意求生的人，要比重视生命的人更高明。

解读《老子》

［解读］

① 民之"饥、难治、轻死"，一层比一层严重，而原因都是居于上位的统治者。统治者抽税太多，人民穷困饥饿；统治者有所作为，人民不堪其扰，从消极抵制到积极反抗，结果则是难治。统治者生活奉养丰厚，人民为什么轻易赴死呢？除了穷困饥饿之外，还不甘心成为被利用的工具。如果活着只是受苦，为什么要珍惜生命？古代人民无法回答这个问题。

② "贵生"是指看重生命，这是道家所肯定的想法；不过，还有一个更高明的观点，就是"无以生为"，不把求生当成一回事，亦即顺其自然。唯有如此，才不会误以为"求生之厚"即是贵生。

第七十六章

人之生也柔弱，其死也坚强

人之生也柔弱，其死也坚强。

草木之生也柔脆，其死也枯槁（gǎo）。

故坚强者死之徒，

柔弱者生之徒。

是以兵强则灭，木强则折。

强大处下，柔弱处上。

[白话]

人活着时身体是柔软的，死了以后就变得僵硬了。草木活着时枝叶是柔脆的，死了以后就变得枯槁了。所以，坚强的东西属于死亡的一类，柔弱的东西属于生存的一类。

解读《老子》

因此，兵力强盛了会被灭亡，树木强壮了会被摧折。强大的居于劣势，柔弱的处于优势。

［解读］

①　人之生死，与草木之生死，皆可就其形质加以判断，这是经验上可以找到的材料。然后由此类推，指出处世态度也应该取柔弱而戒坚强。

②　"兵强则灭"，因为战争的结果必有死伤，即使战胜了也会蒙受损失，长期下来国家也难以幸存。"木强则折"，因为强壮的树木即使未被砍伐利用，也将在暴风袭击之下率先折断。换言之，暴风时，柔弱的草木反而较易保全。

③　《庄子·天下》："曰：坚则毁矣，锐则挫矣。"

第七十七章

天之道，其犹张弓与？

天之道，其犹张弓与？

高者抑之，下者举之；

有余者损之，不足者补之。

天之道，损有余而补不足。

人之道则不然：

损不足以奉有余。

孰能有余以奉天下？唯有道者。

是以圣人为而不恃，

功成而不处，

其不欲见（xiàn）贤。

[白话]

自然的法则，不是像拉开弓弦一样吗？高了就把它压低，低了就把它抬高；过满了就减少一些，不够满就补足一些。自然的法则，是减去有余的并且补上不足的。人世的作风就不是如此，是减损不足的，用来供给有余的。谁能把有余的拿来供给天下人？只有悟道的人能够如此。因此，圣人有所作为而不仗恃己力，有所成就而不自居有功，他不愿表现自己的过人之处。

[解读]

① "张弓"：拉开了弦，准备射箭时，首先要根据目标之高低，以便将持弓的位置调整合宜；其次要看所拉的弓是太满还是不足，这要依目标之远近而定。总之，这个比喻所强调的是整体的平衡与和谐。另外，也有就"制弓"过程来描写的，如严遵《道德真经指归》说："夫弓人之为弓也，既杀既生，既翕既张，制以规矩，督以准绳。弦高急者，宽而缓之；弦驰下者，摄而上之，其有余者，削而损之；其不足者，补而益之。"此说可供参考，不过，本章所论为"张弓"而非"制弓"。

② "人之道"：人世的作风。这种作风难免造成资源分配不
均，贫富差距扩大。在此，圣人的作为显然是效法天之
道的。

第七十八章

天下莫柔弱于水

天下莫柔弱于水，而攻坚强者莫之能胜，

以其无以易之。

弱之胜强，柔之胜刚；

天下莫不知，莫能行。

是以圣人云：

"受国之垢，是谓社稷（jì）主；

受国不祥，是为天下王。"

正言若反。

[白话]

天下没有比水更柔弱的，但是攻打坚强之物时，也没有能胜过水的，因为它是无法被替代的。弱可以胜强，柔可以克刚；天下没有人不知道，却没有人做得到。因此，圣人说："承担一国的屈辱，才可称为国家的君主；承担一国的灾祸，才可称为天下的君王。"正面的言论，听起来像是反面的。

[解读]

① 水：在日积月累之下，滴水可以穿石；若是汇成巨流，则怀山襄陵，冲毁城镇，亦非难事。

② "天下莫不知，莫能行"：为什么知而不行？因为所知不够透彻，以致既无信心也无耐心。譬如前述"日积月累"与"汇成巨流"，都需要长期的工夫。

③ 《庄子·天下》引述老聃的话："知其雄，守其雌，为天下谿。知其白，守其辱，为天下谷。人皆取先，己独取后，曰：受天下之垢。"统治者除了明白"柔弱胜刚强"的道理之外，还须承受天下的"垢、不祥"，就像江海容纳百川时，也必须接纳一切污垢。

④ "正言若反"：高延第《老子证义》说："此语并发明上下篇立言之旨，凡篇中所谓致虚守静；曲则全，枉则直，洼则盈，敝则新，柔弱胜坚强；不益生，则久生；无为则

　　　　　　　　　　　　解读《老子》

有为；不争莫与争；知不言，言不知；损而益，益而损；言相反而理相成，皆正言也。"事物发展的结果常与当初预期的相反，这是因为人的聪明受限，无法领悟"相反相成"的常态现象。

第七十九章

和大怨，必有余怨

和大怨，必有余怨；安可以为善？

是以圣人执左契，而不责于人。

有德司契，无德司彻。

天道无亲，常与善人。

[白话]

重大的仇怨经过调解，一定还有余留的怨恨；这样怎能算是妥善的办法？因此，圣人好像保存着借据的存根，而不向人索取偿还。有德行的人像掌管借据那样宽裕；无德行的人像掌管税收那样计较。自然的规律没有任何偏爱，总是与善人同行。

［解读］

① 专家认为，在"和大怨，必有余怨"之后，应该加上"报怨以德"（六十三章）一语。不过，如此一来，"安可以为善？"所问的就是"报怨以德"了。难道老子会认为"报怨以德"还不算理想吗？若是不加此语，其意并无晦涩，亦即希望从根本上不要与人结怨；而后续所说的即为具体方法。

② "圣人执左契"一语引起争议，关键在于"左契"与"右契"：究竟何者为债权人所执？何者为负债人所执？帛书甲本写作"右契"，而其他各本多为"左契"，亦即在原始文本上即有疑点。不过，由本章文脉可知，圣人所执者应该是将钱借给别人的借据存根，否则又凭什么说"不责于人"？圣人给人金钱而不向人要债，自然无怨可生。

③ "司契"总是借钱给人，所以宽裕和乐，受人欢迎。"司彻"负责收取租税，一定斤斤计较，受人厌恶。这两者都是比喻，代表截然不同的人生态度。"彻"为周朝的税制，十取其一。

④ "天道无亲，常与善人"：这句话是古人的信念，反映了主宰之天与自然之天并行的矛盾。主宰之天必然"常与善人"，自然之天必然"无亲"（如第五章"天地不仁"一语所说）。

第八十章

小国寡民

小国寡民。

使有什伯之器而不用；

使民重死而不远徙。

虽有舟舆，无所乘之；

虽有甲兵，无所陈之。

使民复结绳而用之。

甘其食，美其服，

安其居，乐其俗。

邻国相望，

鸡犬之声相闻，

民至老死不相往来。

[白话]

    国土要小，人口要少。即使有各种器具也不使用；使人民爱惜生命而不远走他乡。虽然有船只车辆，却没有必要去乘坐；虽然有武器装备，却没有机会去陈列。使人民再用古代结绳记事的办法。饮食香甜，服饰美好，居处安适，习俗欢乐。邻国彼此相望，鸡鸣狗叫的声音相互听得到，而人民活到老死却不互相往来。

[解读]

① 本章代表老子心目中的理想社会。由其内容看来，并非原始的洪荒时代，而是虽有文明产品，却能视而不见，无所用之。不过，人类不太可能取得类似的共识，于是文明日新月异，而人生的复杂苦恼也就无解了。

② 从"使民复结绳而用之"一语开始，直至本章结束的这一段话，在《庄子·胠（qū）箧（qiè）》有大体类似的描写，庄子称之为"至德之世"。

③ 本章所述，可以作为人类心灵上的"理想国"或"桃花源"，虽不能至，不妨心向往之。

第八十一章

信言不美，美言不信

信言不美，美言不信。

善者不辩，辩者不善。

知者不博，博者不知。

圣人不积，

既以为人己愈有，既以与人己愈多。

天之道，利而不害；

圣人之道，为而不争。

[白话]

　　实在的话不动听，动听的话不实在。善良的人不巧辩，巧辩的人不善良。了解的人不卖弄广博，卖弄广博的人不了解。圣人没有任何保留：尽量帮助别人，自己反而更充足；尽量给予别人，自己反而更丰富。自然的法则，是有利万物而不加以损害；圣人的作风，是完成任务而不与人竞争。

［解读］

① "信言，善者，知者"，皆以"真实"为其试金石，亦即表里如一，内外一致。若是加上意念或企图，就会变质为"美言，辩者，博者"。能够不受后者所惑的人并不多。

② "圣人不积"一语，可参考《庄子·天道》："天道运而无所积，故万物成；帝道运而无所积，故天下归；圣道运而无所积，故海内服。"老子主张"不积存、不保留、不停滞"，让一切回归于"道"，浑然无所分，如果做到"既以为人，既以与人"，就会更肖似"道"，亦即接近圆满无缺的境界了。《庄子·田子方》说："既以与人，己愈有。"以此描写"古之真人"。

③ 本章最后所云的"圣人之道"，亦有作"人之道"的。依文意看，应为"圣人之道"，但是圣人不是凡人所学习的对象吗？凡人不是也该"为而不争"吗？老子全书的目的，不正是期许人人都成为这样的圣人吗？

老子注

上篇　道经

第一章　道可道，非常道

道可道，非常道。名可名，非常名。

可道之道，可名之名，指事造形，非其常也。故不可道，不可名也。

无名，天地之始，有名，万物之母。

凡有皆始于无，故未形、无名之时则为万物之始，及其有形、有名之时，则长之育之亭之毒之，为其母也。言道以无形无名始成万物，以始以成而不知其所以，玄之又玄也。

故常无欲，以观其妙；

妙者，微之极也。万物始于微而后成，始于无而后生。故常无欲空虚，可以观其始物之妙。

常有欲，以观其徼。

徼，归终也。凡有之为利，必以无为用。欲之所本，适道而后济。故常有欲，可以观其终物之徼也。

此两者同出而异名，同谓之玄，玄之又玄，众妙之门。

两者，始与母也。同出者，同出于玄也。异名，所施不可同也。在首则谓之始，在终则谓之母。玄者，冥也，默然无有也。始、母之所出也，不可得而名，故不可言同名曰玄，而言谓之玄者，取于不可得而谓之然也。谓之然，则不可以定乎一玄而已，则是名则失之远矣。故曰"玄之又玄"也。众妙皆从同而出，故曰众妙之门也。

第二章　天下皆知美之为美

天下皆知美之为美，斯恶已。皆知善之为善，斯不善已。故有无相生，难易相成，长短相较，高下相倾，音声相和，前后相随。

美者，人心之所乐进也；恶者，人心之所恶疾也。美恶犹喜怒也；善不善犹是非也。喜怒同根，是非同门，故不可得而偏举也。此六者，皆陈自然，不可偏举之明数也。

是以圣人处无为之事，

自然已足，为则败也。

行不言之教，万物作焉而不辞，生而不有，为而不恃，

智慧自备，为则伪也。

功成而弗居。

因物而用，功自彼成，故不居也。

夫唯弗居，是以不去。

使功在己，则功不可久也。

第三章　不尚贤，使民不争

不尚贤，使民不争；不贵难得之货，使民不为盗；不见可欲，使民心不乱。

贤，犹能也。尚者，嘉之名也。贵者，隆之称也。唯能是任，尚也曷为？唯用是施，贵之何为？尚贤显名，荣过其任，为而常校能相射。贵货过用，贪者竞趣，穿窬探箧，没命而盗，故可欲不见，则心无所乱也。

是以圣人之治，虚其心，实其腹；

心怀智而腹怀食，虚有智而实无知也。

弱其志，强其骨。

骨无知以干，志生事以乱，心虚则志弱也。

常使民无知无欲，

守其真也。

使夫智者不敢为也。

知者谓知为也。

为无为，则无不治。

第四章　道冲而用之或不盈

道冲而用之或不盈，渊兮似万物之宗。挫其锐，解其纷，和其光，同其尘，湛兮似或存，吾不知谁之子，象帝之先。

夫执一家之量者，不能全家；执一国之量者，不能成国；穷力举重，不能为用。故人虽知万物治也，治而不以二仪之道，则不能赡也。地虽形魄，不法于天则不能全其宁；天虽精象，不法于道则不能保其精。冲而用之，用乃不能穷。满以造实，实来则溢。故冲而用之又复不盈，其为无穷亦已极矣。形虽大，不能累其体；事虽殷，不能充其量。万物舍此而求主，主其安在乎？不亦渊兮似万物之宗乎？锐挫而无损，纷解而不劳，和光而不污其体，同尘而不渝其真，不亦湛兮似或存乎？地守其形，德不能过其载；天慊其象，德不能过其覆。天地莫能及之，不亦似帝之先乎？帝，天帝也。

第五章　天地不仁，以万物为刍狗

天地不仁，以万物为刍狗；

天地任自然，无为无造，万物自相治理，故不仁也。仁者必造立施化，有恩有为。造立施化，则物失其真。有恩有为，则物不具存。物不具存，则不足以备载矣。天地不为兽生刍而兽食刍；不为人生狗而人食狗。无为于万物而万物各适其所用，则莫不赡矣。若慧由己树，未足任也。

圣人不仁，以百姓为刍狗。

圣人与天地合其德，以百姓比刍狗也。

天地之间，其犹橐龠乎？虚而不屈，动而愈出。

橐，排橐也。龠，乐龠也。橐龠之中空洞，无情无为，故虚而不得穷屈、动而不可竭尽也。天地之中，荡然任自然，故不可得而穷，犹若橐龠也。

多言数穷，不如守中。

愈为之则愈失之矣。物树其恶，事错其言，不济，不言
不理，必穷之数也。橐籥而守数中，则无穷尽。弃己任物，
则莫不理。若橐籥有意于为声也，则不足以共吹者之求也。

第六章　谷神不死，是为玄牝

谷神不死，是谓玄牝。玄牝之门，是谓天地根。绵
绵若存，用之不勤。

谷神，谷中央无谷也。无形无影，无逆无违，处卑不
动，守静不衰，谷以之成而不见其形，此至物也。处卑而
不可得名，故谓之玄牝。天地之根绵绵若存，用之不勤。
门，玄牝之所由也。本其所由，与太极同体，故谓之天地
之根也。欲言存邪，则不见其形；欲言亡邪，万物以之生，
故绵绵若存也。无物不成用而不劳也。故曰用而不勤也。

第七章　天长地久

天长地久。天地所以能长且久者，以其不自生，

自生则与物争，不自生则物归也。

故能长生。是以圣人后其身而身先，外其身而身
存。非以其无私邪？故能成其私。

　　　　　　　　　　　　　　　解读《老子》

无私者，无为于身也。身先身存，故曰，能成其

私也。

第八章　上善若水

上善若水。水善利万物而不争，处众人之所恶，

人恶卑也。

故几于道。

道无水有，故曰"几"也。

居善地，心善渊，与善仁，言善信，正善治，事善

能，动善时。夫唯不争，故无尤。

言人皆应于治道也。

第九章　持而盈之，不如其已

持而盈之，不如其已。

持，谓不失德也。既不失其德，又盈之，势必倾危。

故不如其已者，谓乃更不如无德无功者也。

揣而棁之，不可长保。

既揣末令尖，又锐之令利，势必摧故不可长保也。

金玉满堂，莫之能守。

不若其已。

富贵而骄，自遗其咎。

不可长保也。

功遂身退，天之道。

四时更运，功成则移。

第十章　载营魄抱一

载营魄抱一，能无离乎？

载，犹处也。营魄，人之常居处也。一，人之真也。言人能处常居之宅，抱一清神，能常无离乎？则万物自宾矣。

专气致柔，能婴儿乎？

专，任也。致，极也。言任自然之气，致至柔之和，能若婴儿之无所欲乎？则物全而性得矣。

涤除玄览，能无疵乎？

玄，物之极也。言能涤除邪饰，至于极览，能不以物介其明、疵之其神乎？则终与玄同也。

爱国治民，能无知乎？

任术以求成，运数以求匿者，智也。玄览无疵，犹绝圣也。治国无以智，犹弃智也。能无以智乎？则民不辟而国治之也。

天门开阖，能为雌乎？

天门，谓天下之所从由也。开阖，治乱之际也。或开或阖，经通于天下，故曰"天门开阖"也。雌应而不倡，因而不为。言天门开阖能为雌乎？则物自宾而处自安矣。

明白四达，能无为乎？

言至明四达，无迷无惑，能无以为乎？则物化矣。所谓道常无为，侯王若能守，则万物自化。

生之、

不塞其原也。

畜之，

不禁其性也。

生而不有，为而不恃，长而不宰，是谓玄德。

不塞其原，则物自生，何功之有？不禁其性，则物自济，何为之恃？物自长足，不吾宰成，有德无生，非玄如何？凡言玄德，皆有德而不知其主，出乎幽冥。

第十一章　三十辐共一毂

三十辐共一毂，当其无，有车之用。

毂所以能统三十辐者，无也。以其无能受物之故，故能以实统众也。

埏埴以为器，当其无，有器之用。凿户牖以为室，当其无，有室之用。故有之以为利，无之以为用。

木、埴、壁之所以成三者，而皆以无为用也。言无者，有之所以为利，皆赖无以为用也。

第十二章　五色令人目盲

五色令人目盲，五音令人耳聋，五味令人口爽，驰骋畋猎令人心发狂，

爽，差失也，失口之用，故谓之爽。夫耳、目、口、心，皆顺其性也。不以顺性命，反以伤自然，故曰聋、盲、爽、狂也。

难得之货令人行妨。

难得之货塞人正路，故令人行妨也。

是以圣人为腹不为目，故去彼取此。

为腹者以物养己，为目者以物役己，故圣人不为目也。

第十三章　宠辱若惊

宠辱若惊，贵大患若身。何谓宠辱若惊？宠，为下

得之若惊，失之若惊，是谓宠辱若惊。

宠必有辱，荣必有患，宠辱等，荣患同也。为下，得宠辱荣患若惊，则不足以乱天下也。

何谓贵大患若身？

大患，荣宠之属也。生之厚必入死之地，故谓之大患也。人迷之于荣宠，返之于身，故曰"大患若身"也。

吾所以有大患者，为吾有身，

由有其身也。

及吾无身，

归之自然也。

吾有何患！故贵以身为天下，若可寄天下；

无以易其身，故曰贵也。如此乃可以托天下也。

爱以身为天下，若可托天下。

无物可以损其身，故曰"爱"也。如此乃可以寄天下也。不以宠辱荣患损易其身，然后乃可以天下付之也。

第十四章　视之不见名曰夷

视之不见名曰夷，听之不闻名曰希，搏之不得名曰微。此三者不可致诘，故混而为一。

无状无象，无声无响，故能无所不通，无所不往，不得而知，更以我耳目体，不知为名，故不可致诘，混而为一也。

其上不皦，其下不昧，绳绳不可名，复归于无物，是谓无状之状、无物之象。

欲言无邪，而物由以成。欲言有邪，而不见其形，故曰"无状之状、无物之象"也。

是谓惚恍。

不可得而定也。

迎之不见其首，随之不见其后。执古之道，以御今之有，

有，有其事。

能知古始，是谓道纪。

无形无名者，万物之宗也。虽今古不同，时移俗易，故莫不由乎此以成其治者也。故可执古之道以御今之有。上古虽远，其道存焉，故虽在今可以知古始也。

第十五章　古之善为士者

古之善为士者，微妙玄通，深不可识。夫唯不可识，故强为之容。豫兮若冬涉川，

冬之涉川，豫然若欲度，若不欲度，其情不可得见之貌也。

犹兮若畏四邻，

四邻合攻中央之主，犹然不知所趣向者也。上德之人，其端兆不可睹，德趣不可见，亦犹此也。

俨兮其若客，涣兮若冰之将释，敦兮其若朴，旷兮其若谷，混兮其若浊。

凡此诸若，皆言其容象不可得而形名也。

孰能浊以静之徐清？孰能安以久动之徐生？

夫晦以理，物则得明；浊以静，物则得清；安以动，物则得生，此自然之道也。孰能者，言其难也。徐者，详慎也。

保此道者不欲盈，

盈必溢也。

夫唯不盈，故能蔽不新成。

蔽，覆盖也。

第十六章　致虚极，守静笃

致虚极，守静笃，

言致虚，物之极笃；守静，物之真正也。

万物并作，

动作生长。

吾以观复。

以虚静观其反复。凡有起于虚，动起于静，故万物虽并动作，卒复归于虚静，是物之极笃也。

夫物芸芸，各复归其根。

各反其所始也。

归根曰静，是曰复命。复命曰常，

归根则静，故曰"静"。静则复命，故曰"复命"也。复命则得性命之常，故曰"常"也。

知常曰明。不知常，妄作凶。

常之为物，不偏不彰，无皦昧之状、温凉之象，故曰"知常曰明"也。唯此复，乃能包通万物，无所不容。失此以往，则邪入乎分，则物离其分，故曰不知常则妄作凶也。

知常容，

无所不包通也。

容乃公，

无所不包通，则乃至于荡然公平也。

公乃王，

荡然公平，则乃至于无所不周普也。

王乃天，

无所不周普，则乃至于同乎天也。

天乃道，

与天合德，体道大通，则乃至于极虚无也。

道乃久。

穷极虚无，得道之常，则乃至于不穷极也。

没身不殆。

无之为物，水火不能害，金石不能残。用之于心，则虎兕无所投其齿角，兵戈无所容其锋刃，何危殆之有乎！

第十七章　太上，下知有之

太上，下知有之。

太上，谓大人也。大人在上，故曰"太上"。大人在上，居无为之事，行不言之教，万物作焉而不为始，故下知有之而已，言从上也。

其次，亲而誉之。

不能以无为居事，不言为教，立善行施，使下得亲而誉之也。

其次，畏之。

不能复以恩仁令物，而赖威权也。

其次，侮之。

不能法以正齐民，而以智治国，下知避之，其令不从，故曰"侮之"也。

信不足，焉有不信焉。

夫御体失性，则疾病生，辅物失真，则疵衅作。信不足焉，则有不信，此自然之道也。已处不足，非智之所齐也。

悠兮其贵言。功成事遂，百姓皆谓我自然。

自然，其端兆不可得而见也，其意趣不可得而睹也。无物可以易其言，言必有应，故曰"悠兮其贵言"也。居无为之事，行不言之教，不以形立物，故功成事遂，而百姓不知其所以然也。

第十八章　大道废，有仁义

大道废，有仁义；

失无为之事，更以施慧立善，道进物也。

智慧出，有大伪；

行术用明，以察奸伪，趣睹形见，物知避之。故智慧出则大伪生也。

六亲不和，有孝慈；国家昏乱，有忠臣。

甚美之名，生于大恶，所谓美恶同门。六亲，父子、兄弟、夫妇也。若六亲自和、国家自治，则孝慈、忠臣不知其所在矣。鱼相忘于江湖之道，则相濡之德生也。

第十九章　绝圣弃智，民利百倍

绝圣弃智，民利百倍；绝仁弃义，民复孝慈；绝巧弃利，盗贼无有。此三者以为文不足，故令有所属，见素抱朴，少私寡欲。

圣智，才之善也；仁义，人之善也；巧利，用之善也。而直云绝，文甚不足，不令之有所属，无以见其指。故曰此三者以为文而未足，故令人有所属，属之于素朴寡欲。

第二十章　绝学无忧

绝学无忧。唯之与阿，相去几何？善之与恶，相去若何？人之所畏，不可不畏。

下篇，为学者日益，为道者日损。然则学求益所能，而进其智者也。若将无欲而足，何求于益？不知而中，何求于进？夫燕雀有匹，鸠鸽有仇；寒乡之民，必知旃裘。自然已足，益之则忧。故续凫之足，何异截鹤之胫；畏誉而进，何异畏刑？唯阿美恶，相去何若。故人之所畏，吾亦畏焉，未敢恃之以为用也。

荒兮其未央哉！

叹与俗相返之远也。

众人熙熙，如享太牢，如春登台。

众人迷于美进，惑于荣利，欲进心竞，故熙熙如享太牢，如春登台也。

我独泊兮其未兆，如婴儿之未孩；

言我廓然无形之可名，无兆之可举，如婴儿之未能孩也。

儽儽兮若无所归。

若无所宅。

众人皆有余，而我独若遗。

众人无不有怀有志，盈溢胸心，故曰"皆有余"也。我独廓然无为无欲，若遗失之也。

我愚人之心也哉！

绝愚之人，心无所别析，意无所美恶，犹然其情不可睹，我颓然若此也。

沌沌兮！

无所别析，不可为名。

俗人昭昭，

耀其光也。

我独若昏；俗人察察，

分别别析也。

　　　　　　　　　　　　　解读《老子》

我独闷闷。澹兮其若海,

情不可睹。

飂兮若无止。

无所系絷。

众人皆有以,

以,用也。皆欲有所施用也。

而我独顽似鄙。

无所欲为,闷闷昏昏,若无所识,故曰"顽且鄙"也。

我欲独异于人,而贵食母。

食母,生之本也。人者皆弃生民之本,贵末饰之华,故曰"我独欲异于人"。

第二十一章　孔德之容,惟道是从

孔德之容,惟道是从。

孔,空也。惟以空为德,然后乃能动作从道。

道之为物,惟恍惟惚。

恍惚,无形不系之叹。

惚兮恍兮,其中有象;恍兮惚兮,其中有物。

以无形始物,不系成物,万物以始以成,而不知其所以然，故曰"恍兮惚兮，其中有物""惚兮恍兮，其中有象"也。

窈兮冥兮，其中有精；

窈冥，深远之叹，深远不可得而见然而万物由之。其可得见，以定其真，故曰"窈兮冥兮，其中有精"也。

其精甚真，其中有信。

信，信验也。物反窈冥，则真精之极得，万物之性定，故曰"其精甚真，其中有信"也。

自古及今，其名不去，

至真之极，不可得名，无名则是其名也。自古及今，无不由此而成，故曰"自古及今，其名不去"也。

以阅众甫。

众甫，物之始也。以无名说万物始也。

吾何以知众甫之状哉？以此。

此，上之所云也。言吾何以知万物之始于无哉，以此知之也。

第二十二章　曲则全，枉则直

曲则全，

不自见，其明则全也。

枉则直，

不自是，则其是彰也。

洼则盈，

不自伐，则其功有也。

敝则新，

不自矜，则其德长也。

少则得，多则惑。

自然之道，亦犹树也。转多转远其根，转少转得其本。多则远其真，故曰“惑”也。少则得其本，故曰“得”也。

是以圣人抱一，为天下式。

一，少之极也。式，犹则之也。

不自见故明，不自是故彰，不自伐故有功，不自矜故长。夫唯不争，故天下莫能与之争。古之所谓曲则全者，岂虚言哉！诚全而归之。

第二十三章　希言自然

希言自然。

听之不闻名曰希，下章言，道之出言，淡兮其无味也，视之不足见，听之不足闻，然则无味不足听之言，乃是自然之至言也。

故飘风不终朝，骤雨不终日。孰为此者？天地。天地尚不能久，而况于人乎？

言暴疾美兴不长也。

故从事于道者，道者同于道，

从事，谓举动从事于道者也。道以无形无为成济万物，故从事于道者以无为为君，不言为教，绵绵若存，而物得其真，与道同体，故曰"同于道"。

德者同于德，

得，少也。少则得，故曰得也。行得则与得同体，故曰"同于得"也。

失者同于失。

失，累多也，累多则失，故曰"失"也。行失则与失同体，故曰"同于失"也。

同于道者，道亦乐得之；同于德者，德亦乐得之；同于失者，失亦乐得之。

言随行其所，故同而应之。

信不足焉，有不信焉。

忠信不足于下，焉有不信焉。

第二十四章　企者不立

企者不立，

物尚进则失安，故曰“企者不立”。

跨者不行，自见者不明，

不自见，则其明全也。

自是者不彰，

不自是，则其是彰也。

自伐者无功，

不自伐，则其功有也。

自矜者不长。

不自矜，则其德长也。

其在道也，曰余食赘行。

其唯于道而论之，若郤至之行，盛馔之余也。本虽美，更可薉也。本有功而自伐之，故更为肬赘者也。

物或恶之，故有道者不处。

第二十五章　有物混成，先天地生

有物混成，先天地生，

混然不可得而知，而万物由之以成，故曰“混成”

也。不知其谁之子，故先天地生。

寂兮寥兮，独立而不改，

寂寥，无形体也。无物之匹，故曰"独立"也。返化终始，不失其常，故曰"不改"也。

周行而不殆，可以为天下母。

周行无所不至而免殆，能生全大形也，故可以为天下母也。

吾不知其名，

名以定形，混成无形，不可得而定，故曰"不知其名"也。

字之曰道，

夫名以定形，字以称可。言道取于无物而不由也，是混成之中，可言之称最大也。

强为之名曰大。

吾所以字之曰道者，取其可言之称最大也。责其字定之所由，则系于大，大有系则必有分，有分则失其极矣，故曰"强为之名曰大"。

大曰逝，

逝，行也。不守一大体而已。周行无所不至，故曰"逝"也。

逝曰远，远曰反。

远，极也。周无所不穷极，不偏于一逝，故曰"远"也。不随于所适，其体独立，故曰"反"也。

故道大，天大，地大，王亦大。

天地之性人为贵，而王是人之主也。虽不职大，亦复为大。与三匹，故曰"王亦大"也。

域中有四大，

四大，道、天、地、王也。凡物有称有名，则非其极也。言道则有所由，有所由，然后谓之为道，然则是道称中之大也。不若无称之大也。无称不可得而名，曰域也，道、天、地、王皆在乎无称之内，故曰"域中有四大"者也。

而王居其一焉。

处人主之大也。

人法地，地法天，天法道，道法自然。

法，谓法则也。人不违地，乃得全安，法地也。地不违天，乃得全载，法天也。天不违道，乃得全覆，法道也。道不违自然，乃得其性，法自然者，在方而法方，在圆而法圆，于自然无所违也。自然者，无称之言、穷极之辞也。用智不及无知，而形魄不及精象，精象不及无形，有仪不及无仪，故转相法也。道顺自然，天故资焉。天法于道，地故则焉。地法于天，人故象焉。所以为主其一之者主也。

第二十六章　重为轻根，静为躁君

重为轻根，静为躁君，

凡物，轻不能载重，小不能镇大。不行者使行，不动者制动。是以重必为轻根，静必为躁君也。

是以圣人终日行不离辎重。

以重为本，故不离。

虽有荣观，燕处超然，

不以经心也。

奈何万乘之主，而以身轻天下？轻则失本，躁则失君。

轻不镇重也。失本，为丧身也。失君，为失君位也。

第二十七章　善行无辙迹

善行无辙迹，

顺自然而行，不造不始，故物得至，而无辙迹也。

善言无瑕谪，

顺物之性，不别不析，故无瑕谪可得其门也。

善数不用筹策，

因物之数，不假形也。

善闭无关楗而不可开，善结无绳约而不可解。

因物自然，不设不施，故不用关楗、绳约，而不可开解
也。此五者，皆言不造不施，因物之性，不以形制物也。

是以圣人常善救人，故无弃人；

圣人不立形名以检于物，不造进向以殊弃不肖。辅万
物之自然而不为始，故曰"无弃人"也。不尚贤能，则民
不争；不贵难得之货，则民不为盗；不见可欲，则民心不
乱。常使民心无欲无惑，则无弃人矣。

**常善救物，故无弃物，是谓袭明。故善人者，不善
人之师；**

举善以师不善，故谓之师矣。

不善人者，善人之资。

资，取也。善人以善齐不善，以善弃不善也，故不善
人，善人之所取也。

不贵其师，不爱其资，虽智大迷，

虽有其智，自任其智，不因物，于其道必失，故曰
"虽智大迷"。

是谓要妙。

第二十八章　知其雄，守其雌，为天下溪

知其雄，守其雌，为天下溪。为天下溪，常德不离，复归于婴儿。

雄，先之属。雌，后之属也。知为天下之先也必后也。是以圣人后其身而身先也。溪不求物，而物自归之。婴儿不用智，而合自然之智。

知其白，守其黑，为天下式。

式，模则也。

为天下式，常德不忒，

忒，差也。

复归于无极。

不可穷也。

知其荣，守其辱，为天下谷。常德乃足，复归于朴。

此三者，言常反终，后乃德全其所处也。下章云，反者道之动也。功不可取，常处其母也。

朴散则为器，圣人用之则为官长。

朴，真也。真散则百行出，殊类生，若器也。圣人因其分散，故为之立官长。以善为师，不善为资，移风易俗，复使归于一也。

故大制不割。

大制者，以天下之心为心，故无割也。

第二十九章　将欲取天下而为之，吾见其不得已

将欲取天下而为之，吾见其不得已。天下神器，

神，无形无方也。器，合成也。无形以合，故谓之神器也。

不可为也。为者败之，执者失之。

万物以自然为性，故可因而不可为也，可通而不可执也。物有常性，而造为之，故必败也。物有往来，而执之，故必失矣。

故物或行或随，或歔或吹，或强或羸，或挫或隳。是以圣人去甚，去奢，去泰。

凡此诸或，言物事逆顺反覆，不施为执割也。圣人达自然之至，畅万物之情，故因而不为，顺而不施。除其所以迷，去其所以惑，故心不乱而物性自得之也。

第三十章　以道佐人主者，不以兵强天下

以道佐人主者，不以兵强天下。

以道佐人主，尚不可以兵强于天下，况人主躬于道者乎？

其事好还。

为始者务欲立功生事，而有道者务欲还反无为，故云"其事好还"也。

师之所处，荆棘生焉。大军之后，必有凶年。

言师凶害之物也。无有所济，必有所伤，贼害人民，残荒田亩，故曰"荆棘生焉"。

善者果而已，不以取强。

果，犹济也。言善用师者，趣以济难而已矣，不以兵力取强于天下也。

果而勿矜，果而勿伐，果而勿骄，

吾不以师道为尚，不得已而用，何矜骄之有也？

果而不得已，果而勿强。

言用兵虽趣功果济难，然时故不得已当复用者，但当以除暴乱，不遂用果以为强也。

物壮则老，是谓不道，不道早已。

壮，武力暴兴，喻以兵强于天下者也。飘风不终朝，骤雨不终日，故暴兴必不道，早已也。

第三十一章　夫佳兵者，不祥之器

夫佳兵者，不祥之器。物或恶之，故有道者不处。君子居则贵左，用兵则贵右。兵者，不祥之器，非君子之器。不得已而用之，恬淡为上，胜而不美。而美之者，是乐杀人。夫乐杀人者，则不可以得志于天下矣。吉事尚左，凶事尚右。偏将军居左，上将军居右，言以丧礼处之。杀人之众，以哀悲泣之，战胜，以丧礼处之。

第三十二章　道常无名

道常无名，朴虽小，天下莫能臣也。侯王若能守之，万物将自宾。

道无形不系，常不可名。以无名为常，故曰"道常无名"也。朴之为物，以无为心也，亦无名。故将得道，莫若守朴。夫智者，可以能臣也；勇者，可以武使也；巧者可以事役也，力者可以重任也，朴之为物，愦然不偏，近于无有，故曰，莫能臣也。抱朴无为，不以物累其真，不以欲害其神，则物自宾而道自得也。

天地相合以降甘露，民莫之令而自均。

言天地相合，则甘露不求而自降。我守其真性无为，则民不令而自均也。

始制有名，名亦既有，夫亦将知止。知止所以不殆。

始制，谓朴散始为官长之时也。始制官长，不可不立名分以定尊卑，故始制有名也，过此以往，将争锥刀之末，故曰"名亦既有，夫亦将知止"也。遂任名以号物，则失治之母，故"知止所以不殆"也。

譬道之在天下，犹川谷之于江海。

川谷之以求江与海，非江海召之，不召不求而自归者。世行道于天下者，不令而自均，不求而自得，故曰"犹川谷之与江海"也。

第三十三章　知人者智，自知者明

知人者智，自知者明。

知人者，智而已矣，未若自知者，超智之上也。

胜人者有力，自胜者强。

胜人者，有力而已矣，未若自胜者，无物以损其力。用其智于人，未若用其智于己也。用其力于人，未若用其力于己也。明用于己，则物无避焉；力用于己，则物无改焉。

知足者富，

知足自不失，故富也。

强行者有志，

勤能行之，其志必获，故曰"强行者有志"矣。

不失其所者久，

以明自察，量力而行，不失其所，必获久长矣。

死而不亡者寿。

虽死而以为生之，道不亡乃得全其寿。身没而道犹存，况身存而道不卒乎。

第三十四章　大道氾兮，其可左右

大道泛兮，其可左右。

言道泛滥无所不适，可左右上下周旋而用，则无所不至也。

万物恃之而生而不辞，功成不名有，衣养万物而不为主。常无欲，可名于小；

万物皆由道而生，既生而不知其所由。故天下常无欲之时，万物各得其所，若道无施于物，故名于小矣。

万物归焉而不为主，可名为大。

万物皆归之以生，而力使不知其所由。此不为小，故复可名于大矣。

以其终不自为大，故能成其大。

为大于其细，图难于其易。

第三十五章　执大象，天下往

执大象，天下往；

大象，天象之母也，不炎不寒，不温不凉，故能包统万物，无所犯伤，主若执之，则天下往也。

往而不害，安平太。

无形无识，不偏不彰，故万物得往而不害妨也。

乐与饵，过客止。道之出口，淡乎其无味，视之不足见，听之不足闻，用之不足既。

言道之深大。人闻道之言，乃更不如乐与饵，应时感悦人心也。乐与饵则能令过客止，而道之出言淡然无味。视之不足见，则不足以悦其目；听之不足闻，则不足以娱其耳。若无所中然，乃用之不可穷极也。

第三十六章　将欲歙之，必固张之

将欲歙之，必固张之；将欲弱之，必固强之；将欲

废之，必固兴之；将欲夺之，必固与之，是谓微明。

将欲除强梁、去暴乱，当以此四者。因物之性，令其自戮，不假刑为大，以除将物也，故曰"微明"也。足其张，令之足，而又求其张，则众所歙也。与其张之不足，而改其求张者，愈益而已反危。

柔弱胜刚强。鱼不可脱于渊，国之利器不可以示人。

利器，利国之器也。唯因物之性，不假刑以理物。器不可睹，而物各得其所，则国之利器也。示人者，任刑也。刑以利国，则失矣。鱼脱于渊，则必见失矣。利国器而立刑以示人，亦必失也。

第三十七章　道常无为而无不为

道常无为

顺自然也。

而无不为。

万物无不由为以治以成也。

侯王若能守之，万物将自化。化而欲作，吾将镇之以无名之朴。

化而欲作，作欲成也。吾将镇之无名之朴，不为主也。

无名之朴，夫亦将无欲。

无欲竞也。

不欲以静，天下将自定。

下篇　德经

第三十八章　上德不德，是以有德

上德不德，是以有德；下德不失德，是以无德。上德无为而无以为，下德为之而有以为，上仁为之而无以为，上义为之而有以为，上礼为之而莫之应，则攘臂而扔之。故失道而后德，失德而后仁，失仁而后义，失义而后礼。夫礼者，忠信之薄而乱之首。前识者，道之华而愚之始。是以大丈夫处其厚，不居其薄；处其实，不居其华。故去彼取此。

德者，得也。常得而无丧，利而无害，故以德为名焉。何以得德？由乎道也。何以尽德？以无为用。以无为用，则莫不载也，故物，无焉，则无物不经；有焉，则不足以免其生。是以天地虽广，以无为心；圣王虽大，以虚为主。故曰以复而视，则天地之心见；至日而思之，则先王之至睹也。故灭其私而无其身，则四海莫不瞻，远近莫不至；殊其己而有其心，则一体不能自全，肌骨不能相容。是以上德之人，唯道是用，不德其德，无执无用，故能有德而无不为。不求而得，不为而成，故虽有德而无德名也。下德求而得之，为而成之，则立善以治物，故德名有焉。求而得之，必有失焉；为而成之，必有败焉。善名生，则有不善应焉。故下德为之而有以为也。无以为者，无所偏为也。凡不能无为而为之者，皆下德也，仁义礼节是也。将明德之上下，辄举下德以对上德。至于无以为，极下德下之量，上仁是也。足及于无以为而犹为之焉。为之而无以为，故有为为之患矣。本在无为，母在无名。弃本舍母，而适其子，功虽大焉，必有不济；名虽美焉，伪亦必生。不能不为而成，不兴而治，则乃为之，故有宏普博施仁爱之者。而爱之无所偏私，故上仁为之而无以为也。爱不能兼，则有抑抗正真而义理之者。忿枉佑直，助彼攻此，物事而有以心为矣。故上义为之而有以为也。直不能笃，则有游饰修文礼敬之者。尚好修敬，校责往来，则不对之闲忿怒生焉。故上礼为之而莫之应，则攘臂而扔之。夫大之极也，其唯道乎！自此已往，岂足尊哉！故虽德盛业大，富而有万物，犹各得其德，而未能自周也。故天不能为载，地不能为覆，人不能为赡。万物虽贵，以无为用，不能舍无以为体也。不能舍无以为体，则失其为大矣，所谓失道而后德也。以无为用，德其母，故能己不劳焉而物无不理。下此已往，则失用之母，不能无为，而贵博施；不能博施，而贵正直；不能正直，而贵饰敬。所谓失德而后仁、失仁而后义、失义而后礼也。夫礼也，所始首于忠信不笃，通简不阳，责备于表，机微争制。夫仁义发于内，为之犹伪，况务外饰而可久乎！故夫礼者，忠信之薄而乱之首也。前识者，前人而识也，即下德之伦也。竭其聪明以为前识，役其智力以营庶事，虽德其情，奸巧弥密，虽丰其誉，愈丧笃实。劳而事昏，务而治蔵，虽竭圣智，而民愈害。舍己任物，则无为而泰。守夫素朴，则不顺典制。听彼所获，弃此所守，识道之华而愚之首。故苟得其为功之母，则万物作焉而不辞也，万事存焉而不劳也。用不以形，御不以名，故仁义可显，礼敬可彰也。夫载之以大道，镇之以为名，则物无所尚，志无所营。各任其贞事，用其诚，则仁德厚焉，行义正焉，礼敬清焉。弃其所载，舍其所生，用其成形，役其聪明，仁则诚焉，义其竞焉，礼其争焉。故仁德之厚，非用仁之所能也；行义之正，非用义之所成也；礼敬之清，非用礼之所济也。载之以道，统之以母，故显之而无所尚，彰之而无所竞。用夫无名，故名以笃焉；用夫无形，故形以成焉。守母以存其子，崇本以举其末，则形名俱有而邪不生，大美配天而华不作。故母不可远，本不可失。仁义，母之所生，非可以为母。形器，匠之所成，非可以为匠也。舍其母而用其子，弃其本而适其末，名则有所分，形则有所止。虽极其大，必有不周；虽盛其美，必有忧患。功在为之，岂足处也。

第三十九章　昔之得一者

昔之得一者，

昔，始也。一，数之始而物之极也。各是一物之生，所以为主也。物皆各得此一以成，既成而舍以居成，居成则失其母，故皆裂、发、歇、竭、灭、蹶也。

天得一以清，地得一以宁，神得一以灵，谷得一以盈，万物得一以生，侯王得一以为天下贞。其致之。

各以其一致此清、宁、灵、盈、生、贞。

天无以清将恐裂，

用一以致清耳，非用清以清也。守一则清不失，用清则恐裂也。故为功之母不可舍也。是以皆无用其功，恐丧其本也。

地无以宁将恐发，神无以灵将恐歇，谷无以盈将恐竭，万物无以生将恐灭，侯王无以贵高将恐蹶。故贵以贱为本，高以下为基。是以侯王自称孤寡不谷。此非以贱为本邪？非乎？故致数舆无舆。不欲琭琭如玉，珞珞如石。

清不能为清，盈不能为盈，皆有其母，以存其形，故清不足贵，盈不足多，贵在其母，而母无贵形。贵乃以贱为本，高乃以下为基，故致数舆乃无舆也。玉石琭琭、珞珞，体尽于形，故不欲也。

第四十章　反者道之动

反者道之动；

高以下为基，贵以贱为本，有以无为用，此其反也。动皆知其所无，则物通矣。故曰"反者，道之动"也。

弱者，道之用。

柔弱同通，不可穷极。

天下万物生于有，有生于无。

天下之物，皆以有为生。有之所始，以无为本。将欲全有，必反于无也。

第四十一章　上士闻道，勤而行之

上士闻道，勤而行之；

有志也。

中士闻道，若存若亡；下士闻道，大笑之，不笑不足以为道。故建言有之：

建，犹立也。

明道若昧，

光而不耀。

进道若退，

后其身而身先，外其身而身存。

夷道若颣，

颣，也。大夷之道，因物之性，不执平以割物。其平不见，乃更反若颣也。

上德若谷，

不德其德，无所怀也。

大白若辱，

知其白，守其黑，大白然后乃得。

广德若不足，

广德不盈，廓然无形，不可满也。

建德若偷，

偷，匹也。建德者，因物自然，不立不施，故若偷匹。

质真若渝，

质真者，不矜其真，故渝。

大方无隅，

方而不割，故无隅也。

大器晚成，

大器成天下不持全别，故必晚成也。

大音希声，

听之不闻名曰希。大音，不可得闻之音也。有声则有分，有分则不宫而商矣。分则不能统众，故有声者非大音也。

大象无形，

有形则有分，有分者不温则炎，不炎则寒。故象而形者，非大象。

道隐无名。夫唯道善贷且成。

凡此诸善，皆是道之所成也。在象则为大象，而大象无形；在音则为大音，而大音希声。物以之成而不见其成形，故隐而无名也。贷之非唯供其乏而已，一贷之则足以永终其德，故曰"善贷"也。成之不如机匠之裁，无物而不济其形，故曰善成。

解读《老子》

第四十二章　道生一，一生二，二生三，三生万物

道生一，一生二，二生三，三生万物。万物负阴而抱阳，冲气以为和。人之所恶，唯孤寡不谷，而王公以为称。故物，或损之而益，或益之而损。

万物万形，其归一也，何由致一？由于无也。由无乃一，一可谓无？已谓之一，岂得无言乎？有言有一，非二如何？有一有二，遂生乎三。从无之有，数尽乎斯，过此以往，非道之流。故万物之生，吾知其主，虽有万形，冲气一焉。百姓有心，异国殊风，而得一者，王侯主焉。以一为主，一何可舍？愈多愈远，损则近之。损之至尽，乃得其极。既谓之一，犹乃至三，况本不一，而道可近乎？损之而益，岂虚言也。

人之所教，我亦教之。

我之教人，非强使人从之也，而用夫自然。举其至理，顺之必吉，违之必凶。故人相教，违之自取其凶也。亦如我之教人，勿违之也。

强梁者不得其死，吾将以为教父。

强梁则必不得其死。人相教为强梁，则必如我之教人不当为强梁也。举其强梁不得其死以教邪。若云顺吾教之必吉也。故得其违教之徒，适可以为教父也。

第四十三章　天下之至柔，驰骋天下之至坚

天下之至柔，驰骋天下之至坚，

气无所不入，水无所不出于经。

无有入无间，吾是以知无为之有益。

虚无柔弱，无所不通。无有不可穷，至柔不可折。以此推之，故知无为之有益也。

不言之教，无为之益，天下希及之。

第四十四章　名与身孰亲？

名与身孰亲？

尚名好高，其身必疏。

身与货孰多？

贪货无厌，其身必少。

得与亡孰病？

得多利而亡其身，何者为病也？

是故甚爱必大费，多藏必厚亡。

甚爱，不与物通；多藏，不与物散。求之者多，攻之者众，为物所病，故大费、厚亡也。

知足不辱，知止不殆，可以长久。

第四十五章　大成若缺，其用不弊

大成若缺，其用不弊；

随物而成，不为一象，故若缺也。

大盈若冲，其用不穷。

大盈冲足，随物而与，无所爱矜，故若冲也。

大直若屈，

随物而直，直不在一，故若屈也。

大巧若拙，

大巧因自然以成器，不造为异端，故若拙也。

大辩若讷。

大辩因物而言，己无所造，故若讷也。

躁胜寒，静胜热，清静为天下正。

躁罢然后胜寒，静无为以胜热，以此推之，则清静为天下正也。静则全物之真，躁则犯物之性，故惟清静，乃得如上诸大也。

第四十六章　天下有道，却走马以粪

天下有道，却走马以粪；

天下有道，知足知止，无求于外，各修其内而已。故却走马以治田粪也。

天下无道，戎马生于郊。

贪欲无厌，不修其内，各求于外，故戎马生于郊也。

祸莫大于不知足，咎莫大于欲得，故知足之足，常足矣。

第四十七章　不出户，知天下

不出户，知天下；不窥牖，见天道。

事有宗而物有主，途虽殊而同归也，虑虽百而其致一
也。道有大常，理有大致。执古之道，可以御今；虽处于
今，可以知古始。故不出户、窥牖，而可知也。

其出弥远，其知弥少。

无在于一，而求之于众也。道视之不可见，听之不可
闻，搏之不可得。如其知之，不须出户，若其不知，出愈
远愈迷也。

是以圣人不行而知，不见而名，

得物之致，故虽不行，而虑可知也。识物之宗，故虽
不见，而是非之理可得而名也。

不为而成。

明物之性，因之而已，故虽不为，而使之成矣。

第四十八章　为学日益，为道日损

为学日益，

务欲进其所能，益其所习。

为道日损。

务欲反虚无也。

损之又损，以至于无为，无为而无不为。

有为则有所失，故无为乃无所不为也。

取天下常以无事，

动常因也。

及其有事，

自己造也。

不足以取天下。

失统本也。

第四十九章　圣人常无心，以百姓心为心

圣人无常心，以百姓心为心。

动常因也。

善者，吾善之；不善者，吾亦善之，

各因其用，则善不失也。

德善。

无弃人也。

信者，吾信之；不信者，吾亦信之，德信。圣人在天下歙歙，为天下浑其心，百姓皆注其耳目，

各用聪明。

圣人皆孩之。

皆使和而无欲，如婴儿也。夫"天地设位，圣人成能，人谋鬼谋，百姓与能"者，能者与之，资者取之；能大则大，资贵则贵；物有其宗，事有其主。如此，则可冕疏充目而不惧于欺，黈纩塞耳而无戚于慢，又何为劳一身之聪明，以察百姓之情哉！夫以明察物，物亦竞以其明应之；以不信察物，物亦竞以其不信应之。夫天下之心不必同，其所应不敢异，则莫肯用其情矣。甚矣！害之大也，莫大于用其明矣。夫在智则人与之讼，在力则人与之争。智不出于人而立乎讼地，则穷矣；力不出于人而立乎争地，则危矣。未有能使人无用其智力乎于己者也，如此则己以一敌人，而人以千万敌己也。若乃多其法网，烦其刑罚，塞其径路，攻其幽宅，则万物失其自然，百姓丧其手足，鸟乱于上，鱼乱于下，是以圣人之于天下歙歙焉，心无所主也；为天下浑心焉，意无所适莫也。无所察焉，百姓何避？无所求焉，百姓何应？无避无应，则莫不用其情矣。

人无为舍其所能，而为其所不能，舍其所长而为其短。如此，则言者言其所知，行者行其所能，百姓各皆注其耳目焉，吾皆孩之而已。

第五十章　出生入死

出生入死。

出生地，入死地。

生之徒十有三，死之徒十有三。人之生动之死地，亦十有三。夫何故？以其生生之厚。盖闻善摄生者，陆行不遇兕虎，入军不被甲兵，兕无所投其角，虎无所措其爪，兵无所容其刃。夫何故？以其无死地。

十有三，犹云十分有三分，取其生道，全生之极，十分有三耳；取死之道，全死之极，亦十分有三耳。而民生生之厚，更之无生之地焉。善摄生者无以生为生，故无死地也。器之害者，莫甚乎兵戈，兽之害者，莫甚乎兕虎。而令兵戈无所容其锋刃，虎兕无所措其爪角，斯诚不以欲累其身者也，何死地之有乎！夫蚖蟺以渊为浅，而凿穴其中；鹰鹯以山为卑，而增巢其上。矰缴不能及，网罟不能到，可谓处于无死地矣。然而卒以甘饵，乃入于无生之地，岂非生生之厚乎？故物，苟不以求离其本，不以欲渝其真，虽入军而不害，陆行而不可犯也。赤子之可则而贵，信矣。

第五十一章　道生之，德畜之

道生之，德畜之，物形之，势成之。

物生而后畜，畜而后形，形而后成。何由而生？道也。何得而畜？德也。何由而形？物也。何使而成，势也。唯因也，故能无物而不形；唯势也，故能无物而不成。凡物之所以生，功之所以成，皆有所由。有所由焉，则莫不由乎道也。故推而极之，亦至道也。随其所因，故各有称焉。

是以万物莫不尊道而贵德。

道者，物之所由也。德者，物之所得也。由之乃得，故曰不得不失，尊之则害，故不得不贵也。

道之尊，德之贵，夫莫之命而常自然。

命并作爵。

故道生之，德畜之：长之、育之、亭之、毒之、养之、覆之。

亭谓品其形，毒谓成其实，各得其庇荫，不伤其体矣。

生而不有，为而不恃，

为而不有。

长而不宰，是谓玄德。

有德而不知其主也，出乎幽冥，是以谓之玄德也。

第五十二章　天下有始，以为天下母

天下有始，以为天下母。

善始之，则善养畜之矣，故天下有始，则可以为天下母矣。

既得其母，以知其子；既知其子，复守其母，没身不殆。

母，本也。子，末也。得本以知末，不舍本以逐末也。

塞其兑，闭其门，

兑，事欲之所由生。门，事欲之所由从也。

终身不勤。

无事永逸，故终身不勤也。

开其兑，济其事，终身不救。

不闭其原，而济其事，故虽终身不救。

见小曰明，守柔曰强。

为治之功不在大，见大不明，见小乃明。守强不强，守柔乃强也。

用其光，

显道以去民迷。

复归其明，

不明察也。

无遗身殃，是为习常。

道之常也。

第五十三章　使我介然有知

使我介然有知，行于大道，唯施是畏。

言若使我可介然有知，行大道于天下，唯施为之是
畏也。

大道甚夷，而民好径。

言大道荡然正平，而民犹尚舍之而不由，好从邪
径，况复施为以塞大道之中乎？故曰"大道甚夷，而民
好径"。

朝甚除，

朝，宫室也。除，洁好也。

田甚芜、仓甚虚。

朝甚除，则田甚芜，仓甚虚。设一而众害生也。

服文彩，带利剑，厌饮食，财货有余，是为夸盗。非道也哉！

凡物，不以其道得之，则皆邪也，邪则盗也。夸而不以其道得之，盗夸也；贵而不以其道得之，窃位也。故举非道以明非道，则皆盗夸也。

第五十四章　善建者不拔

善建者不拔，

固其根，而后营其末，故不拔也。

善抱者不脱，

不贪于多，齐其所能，故不脱也。

子孙以祭祀不辍。

子孙传此道，以祭祀则不辍也。

修之于身，其德乃真；修之于家，其德乃余；

以身及人也。修之身则真，修之家则有余，修之不废，所施转大。

修之于乡，其德乃长；修之于国，其德乃丰；修之于天下，其德乃普。故以身观身，以家观家，以乡观乡，以国观国，

彼皆然也。

以天下观天下。

以天下百姓心，观天下之道也，天下之道，逆顺吉凶，亦皆如人之道也。

吾何以知天下然哉？以此。

此，上之所云也。言语何以得知天下乎？察己以知之，不求于外也。所谓不出户以知天下者也。

第五十五章　含德之厚，比于赤子

含德之厚，比于赤子。蜂虿虺蛇不螫，猛兽不据，攫鸟不搏。

赤子，无求无欲，不犯众物，故毒虫之物无犯之于人也。舍德之厚者，不犯于物，故无物以损其全也。

骨弱筋柔而握固，

以柔弱之故，故握能周固。

未知牝牡之合而全作，

作，长也。无物以损其身，故能全长也。言含德之厚者，无物可以损其德、渝其真。柔弱不争而不摧折者，皆若此也。

精之至也。终日号而不嗄，

无争欲之心，故终日出声而不嗄也。

和之至也。知和曰常，

物以和为常，故知和则得常也。

知常曰明。

不皦不昧，不温不凉，此常也。无形不可得而见，故曰"知常曰明"也。

益生曰祥，

生不可益，益之则夭也。

心使气曰强。

心宜无有，使气则强。

物壮则老，谓之不道，不道早已。

第五十六章　知者不言，言者不知

知者不言，

因自然也。

言者不知。

造事端也。

塞其兑，闭其门，挫其锐，

含守质也。

解其分，

除争原也。

和其光，

无所特显，则物无所偏争也。

同其尘，

无所特贱，则物无所偏耻也。

是谓玄同。故不可得而亲，不可得而疏；

可得而亲，则可得而疏也。

不可得而利，不可得而害；

可得而利，则可得而害也。

不可得而贵，不可得而贱。

可得而贵，则可得而贱也，

故为天下贵。

无物可以加之也。

第五十七章　以正治国，以奇用兵

以正治国，以奇用兵，以无事取天下。

以道治国则国平，以正治国则奇正起也。以无事，则
能取天下也。上章云，其取天下者，常以无事，及其有事，
又不足以取天下也。故以正治国，则不足以取天下，而以
奇用兵也。夫以道治国，崇本以息末；以正治国，立辟以
攻末。本不立而末浅，民无所及，故必至于以奇用兵也。

　　　　　　　　　　　　　　　　　　　　　　　解读《老子》

吾何以知其然哉? 以此。天下多忌讳，而民弥贫；民多利器，国家滋昏；

利器，凡所以利己之器也。民强则国家弱。

人多伎巧，奇物滋起；

民多智慧，则巧伪生，巧伪生则邪事起。

法令滋彰，盗贼多有。

立正欲以息邪，而奇兵用；多忌讳欲以耻贫，而民弥贫；利器欲以强国者也，而国愈昏多，皆舍本以治末，故以致此也。

故圣人云：我无为而民自化，我好静而民自正，我无事而民自富，我无欲而民自朴。

上之所欲，民从之速也。我之所欲，唯无欲而民亦无欲自朴也。此四者，崇本以息末也。

第五十八章　其政闷闷，其民淳淳

其政闷闷，其民淳淳；

言善治政者，无形、无名、无事、无政可举。闷闷然，卒至于大治。故曰"其政闷闷"也。其民无所争竞，宽大淳淳，故曰"其民淳淳"也。

其政察察，其民缺缺。

立刑名，明赏罚，以检奸伪，故曰"其政察察"也。殊类分析，民怀争竞，故曰"其民缺缺"也。

祸兮福之所倚，福兮祸之所伏。孰知其极？其无正？

言谁知善治之极乎？唯无可正举，无可形名，闷闷然，而天下大化，是其极也。

正复为奇，

以正治国，则便复以奇用兵矣。故曰"正复为奇"。

善复为妖。

立善以和万物，则便复有妖之患也。

人之迷，其日固久。

言人之迷惑失道固久矣。不可便正善治以责。

是以圣人方而不割，

以方导物，舍去其邪，不以方割物。所谓大方无隅。

廉而不刿，

廉，清廉也；刿，伤也。以清廉清民，令去其邪，令去其污，不以清廉刿伤于物也。

直而不肆，

以直导物，令去其僻，而不以直激沸于物也。所谓大直若屈也。

　　　　　　　　　　　　　　解读《老子》

光而不耀。

以光鉴其所以迷，不以光照求其隐匿也，所谓明道若昧也。此皆崇本以息末，不攻而使复之也。

第五十九章　治人事天莫若啬

治人事天莫若啬。

莫若，犹莫过也。啬，农夫，农人之治田务，去其殊类、归于齐一也。全其自然，不急其荒病，除其所以荒病。上承天命，下绥百姓，莫过于此。

夫唯啬，是谓早服。

早服，常也。

早服谓之重积德，

唯重积德，不欲锐速，然后乃能使早服其常。故曰"早服谓之重积德"者也。

重积德则无不克，无不克则莫知其极，

道无穷也。

莫知其极，可以有国。

以有穷而莅国，非能有国也。

有国之母，可以长久。

国之所以安，谓之母，重积德，是唯图其根，然后营末，乃得其终也。

是谓深根固柢，长生久视之道。

第六十章　治大国若烹小鲜

治大国若烹小鲜。

不扰也，躁则多害，静则全真，故其国弥大，而其主弥静，然后乃能广得众心矣。

以道莅天下，其鬼不神。

治大国则若烹小鲜，以道莅天下，则其鬼不神也。

非其鬼不神，其神不伤人；

神不害自然也。物守自然，则神无所加。神无所加，则不知神之为神也。

非其神不伤人，圣人亦不伤人。

道洽，则神不伤人。神不伤人，则不知神之为神。道洽，则圣人亦不伤人，圣人不伤人，则不知圣人之为圣也。犹云不知神之为神，亦不知圣之为圣也。夫恃威网以使物者，治之衰也。使不知神圣之为神圣，道之极也。

夫两不相伤，故德交归焉。

神不伤人，圣人亦不伤人；圣人不伤人，神亦不伤人，故曰"两不相伤"也。神圣合道，交归之也。

第六十一章　大国者下流

大国者下流。

江海居大而处下，则百川流之；大国居大而处下，则天下流之，故曰"大国者下流"也。

天下之交，

天下所归会也。

天下之牝。

静而不求，物自归之也。

牝常以静胜牡，以静为下。

以其静，故能为下也，牝，雌也。雄躁动贪欲，雌常以静，故能胜雄也。以其静复能为下，故物归之也。

故大国以下小国，

大国以下，犹云以大国下小国。

则取小国；

小国则附之。

小国以下大国，则取大国。

大国纳之也。

故或下以取，或下而取。

言唯修卑下，然后乃各得其所欲。

大国不过欲兼畜人，小国不过欲入事人，夫两者各

得其所欲，大者宜为下。

小国修下，自全而已，不能令天下归之。大国修下，则天下归之。故曰"各得其所欲，则大者宜为下"也。

第六十二章　道者万物之奥

道者万物之奥。

奥，犹暧也。可得庇荫之辞。

善人之宝，

宝以为用也。

不善人之所保。

保以全也。

美言可以市，尊行可以加人。

言道无所不先，物无有贵于此也。虽有珍宝璧马，无以匹之。美言之，则可以夺众货之贾，故曰"美言可以市"也。尊行之，则千里之外应之，故曰"可以加于人"也。

人之不善，何弃之有！

不善当保道以免放。

故立天子，置三公，

言以尊行道也。

虽有拱璧以先驷马，不如坐进此道。

此道，上之所云也。言故立天子，置三公，尊其位，重其人，所以为道也。物无有贵于此者，故虽有拱抱宝璧以先驷马而进之，不如坐而进此道也。

古之所以贵此道者何？不曰以求得，有罪以免邪？故为天下贵。

以求则得求，以免则得免，无所而不施，故为天下贵也。

第六十三章　为无为，事无事，味无味

为无为，事无事，味无味。

以无为为居，以不言为教，以恬淡为味，治之极也。

大小多少，报怨以德。

小怨则不足以报，大怨则天下之所欲诛，顺天下之所同者，德也。

图难于其易，为大于其细。天下难事必作于易，天下大事必作于细，是以圣人终不为大，故能成其大。夫轻诺必寡信，多易必多难。是以圣人犹难之。

以圣人之，才犹尚难于细易，况非圣人之才，而欲忽于此乎？故曰"犹难之"也。

故终无难矣。

第六十四章　其安易持，其未兆易谋

其安易持，其未兆易谋，

以其安不忘危，持之不忘亡，谋之无功之势，故曰易也。

其脆易泮，其微易散。

虽失无入有，以其微脆之故，未足以兴大功，故易也。此四者，皆说慎终也，不可以无之故而不持，不可以微之故而弗散也。无而弗持则生有焉，微而不散则生大焉。故虑终之患如始之祸，则无败事。

为之于未有，

谓其安未兆也。

治之于未乱。

谓微脆也。

合抱之木，生于毫末；九层之台，起于累土；千里之行，始于足下。为者败之，执者失之。

当以慎终除微，慎微除乱。而以施为治之；形名执之，反生事原，巧辟滋作，故败失也。

是以圣人无为，故无败；无执，故无失。民之从事，常于几成而败之。

不慎终也。

慎终如始，则无败事。是以圣人欲不欲，不贵难得之货。

好欲虽微，争尚为之兴；难得之货虽细，贪盗为之起也。

学不学，复众人之所过。

不学而能者，自然也。喻于学者过也。故学不学，以复众人之过。

以辅万物之自然，而不敢为。

第六十五章　古之善为道者

古之善为道者，非以明民，将以愚之。

明，谓多见巧诈，蔽其朴也。愚谓无知守真、顺自然也。

民之难治，以其智多。

多智巧诈，故难治也。

故以智治国，国之贼；

智，犹治也，以智而治国，所以谓之贼者，故谓之智也。民之难治，以其多智也。当务塞兑闭门，令无知无欲。而以智术动民，邪心既动，复以巧术防民之伪，民知其术，随防而避之。思惟密巧，奸伪益滋，故曰"以智治国，国之贼"也。

不以智治国，国之福。知此两者，亦稽式。常知稽式，是谓玄德。玄德深矣，远矣。

稽，同也。古今之所同则，而不可费。能知稽式，是谓玄德。玄德深矣，远矣。

与物反矣，

反其真也。

然后乃至大顺。

第六十六章　江海所以能为百谷王者

江海所以能为百谷王者，以其善下之，故能为百谷王。是以欲上民，必以言下之；欲先民，必以身后之。是以圣人处上而民不重，处前而民不害，是以天下乐推而不厌。以其不争，故天下莫能与之争。

第六十七章　天下皆谓我道大

天下皆谓我道大，似不肖。夫唯大，故似不肖。若肖，久矣其细也夫。

久矣其细，犹曰其细久矣。肖则失其所以为大矣，故曰"若肖久矣，其细也夫"。

我有三宝，持而保之。一曰慈，二曰俭，三曰不敢为天下先。慈，故能勇；

夫慈，以陈则胜，以守则固，故能勇也。

俭，故能广；

节俭爱费，天下不匮，故能广也。

不敢为天下先，故能成器长。

唯后外其身，为物所归，然后乃能立成器为天下利，为物之长也。

今舍慈且勇，

且，犹取也。

舍俭且广，舍后且先，死矣！夫慈以战则胜，

相慜而不避于难，故胜也。

以守则固。天将救之，以慈卫之。

第六十八章　善为士者不武

善为士者不武，

士，卒之帅也。武尚先陵人也。

善战者不怒，

后而不先，应而不唱，故不在怒。

善胜敌者不与，

不与，争也。

善用人者为之下。是谓不争之德，是谓用人之力，

用人而不为之，下则力不为用也。

是谓配天古之极。

第六十九章　用兵有言

用兵有言，吾不敢为主而为客，不敢进寸而退尺。
是谓行无行，

彼遂不止。

攘无臂，扔无敌，

行，谓行陈也，言以谦退哀慈，不敢为物先，用战犹
行无行，攘无臂，执无兵，扔无敌也，言无有与之抗也。

执无兵。祸莫大于轻敌，轻敌几丧吾宝。

言吾哀慈谦退，非欲以取强无敌于天下也。不得已而
卒至于无敌，斯乃吾之所以为大祸也。宝，三宝也，故曰
"几亡吾宝"。

故抗兵相加，哀者胜矣。

抗，举也。加，当也。哀者必相惜而不趣利避害，故
必胜。

第七十章　吾言甚易知，甚易行

吾言甚易知，甚易行。天下莫能知，莫能行。

可不出户窥牖而知，故曰"甚易知"也。无为而成，故曰"甚易行"也。惑于躁欲，故曰"莫之能知"也。迷于荣利，故曰"莫之能行"也。

言有宗，事有君。

宗，万物之宗也；君，万物之主也。

夫唯无知，是以不我知。

以其言有宗、事有君之故，故有知之人，不得不知之也。

知我者希，则我者贵。

唯深，故知者希也。知我益希，我亦无匹，故曰"知我者希，则我者贵"也。

是以圣人被褐怀玉。

被褐者，同其尘；怀玉者，宝其真也。圣人之所以难知，以其同尘而不殊，怀玉而不渝，故难知而为贵也。

第七十一章　知不知，上

知不知，上，不知知，病。

不知知之不足任，则病也。

夫唯病病，是以不病。圣人不病，以其病病，是以不病。

第七十二章　民不畏威，则大威至

民不畏威，则大威至。无狎其所居，无厌其所生。

清静无为谓之居，谦后不盈谓之生，离其清净，行其躁欲，弃其谦后，任其威权，则物扰而民僻，威不能复制民。民不能堪其威，则上下大溃矣，天诛将至。故曰"民不畏威，则大威至。无狎其所居，无厌其所生"。言威力不可任也。

夫唯不厌，

不自厌也。

是以不厌。

不自厌，是以天下莫之厌。

是以圣人自知，不自见；

不自见其所知，以耀光行威也。

自爱，不自贵。

自贵，则物狎厌居生。

故去彼取此。

第七十三章　勇于敢则杀

勇于敢则杀，

必不得其死也。

勇于不敢则活。

必齐命也。

此两者，或利或害。

俱勇而所施者异，利害不同，故曰"或利或害"也。

天之所恶，孰知其故？是以圣人犹难之。

孰，谁也。言谁能知天下之所恶意故邪？其唯圣人。夫圣人之明，犹难于勇敢，况无圣人之明，而欲行之也，故曰"犹难之"也。

天之道，不争而善胜，

夫唯不争，故天下莫能与之争。

不言而善应，

顺则吉，逆则凶，不言而善应也。

不召而自来，

处下则物自归。

繟然而善谋。

垂象而见吉凶，先事而设诚，安而不忘危，未兆而谋之，故曰"然而善谋"也。

天网恢恢，疏而不失。

第七十四章　民不畏死，奈何以死惧之

民不畏死，奈何以死惧之！若使民常畏死，而为奇者吾得执而杀之，孰敢？

诡异乱群，谓之奇也。

常有司杀者杀，夫代司杀者杀，是谓代大匠斲。夫代大匠斲者，希有不伤其手矣。

为逆，顺者之所恶忿也；不仁者，人之所疾也。故曰"常有司杀"也。

第七十五章　民之饥，以其上食税之多

民之饥，以其上食税之多，是以饥。民之难治，以其上之有为，是以难治。民之轻死，以其求生之厚，是以轻死。夫唯无以生为者，是贤于贵生。

言民之所以僻，治之所以乱，皆由上，不由其下也。民从上也。

第七十六章　人之生也柔弱，其死也坚强

人之生也柔弱，其死也坚强。万物草木之生也柔脆，其死也枯槁。故坚强者死之徒，柔弱者生之徒。是以兵强则不胜，

强兵以暴于天下者，物之所恶也，故必不得胜。

木强则兵。

物所加也。

强大处下，

木之本也。

柔弱处上。

枝条是也。

第七十七章　天之道，其犹张弓与

天之道，其犹张弓与！高者抑之，下者举之；有余者损之，不足者补之。天之道，损有余而补不足。人之道则不然，

与天地合德，乃能包之，如天之道。如人之量，则各有其身，不得相均。如惟无身无私乎？自然，然后乃能与天地合德。

损不足以奉有余。孰能有余以奉天下？唯有道者。是以圣人为而不恃，功成而不处，其不欲见贤。

言唯能处盈而全虚，损有以补无，和光同尘，荡而均者？唯其道也。是以圣人不欲示其贤，以均天下。

第七十八章　天下莫柔弱于水

天下莫柔弱于水，而攻坚强者莫之能胜，其无以易之。

以，用也。其，谓水也，言用水之柔弱，无物可以易之也。

弱之胜强，柔之胜刚，天下莫不知莫能行。是以圣人云：'受国之垢，是谓社稷主；受国不祥，是为天下王。'正言若反。

第七十九章　和大怨，必有余怨

和大怨，必有余怨，

不明理其契，以致大怨已至。而德和之，其伤不复，故有余怨也。

安可以为善？是以圣人执左契，

左契，防怨之所由生也。

而不责于人。有德司契，

有德之人，念思其契，不念怨生而后责于人也。

无德司彻。

彻，司人之过也。

天道无亲，常与善人。

第八十章　小国寡民

小国寡民，

国既小，民又寡，尚可使反古，况国大民众乎！故举小国而言也。

使有什伯之器而不用，

言使民虽有什伯之器，而无所用，何患不足也。

使民重死而不远徙。

使民不用，惟身是宝，不贪货赂。故各安其居，重死而不远徙也。

虽有舟舆，无所乘之；虽有甲兵，无所陈之；使人复结绳而用之。甘其食，美其服，安其居，乐其俗。邻国相望，鸡犬之声相闻，民至老死不相往来。

无所欲求。

第八十一章　信言不美，美言不信

信言不美，

实在质也。

美言不信；

本在朴也。

善者不辩，辩者不善；知者不博，

极在一也。

博者不知。圣人不积，

无私自有，唯善是与，任物而已。

既以为人，己愈有；

物所尊也。

既以与人，己愈多。

物所归也。

天之道，利而不害。

动常生成之也。

圣人之道，为而不争。

顺天之利，不相伤也。

王弼

解读《老子》

老子指略

　　夫物之所以生，功之所以成，必生乎无形，由乎无名。无形无名者，万物之宗也。

　　不温不凉，不宫不商。听之不可得而闻，视之不可得而彰，体之不可得而知，味之不可得而尝。故其为物也则混成，为象也则无形，为音也则希声，为味也则无呈。故能为品物之宗主，苞通天地，弥使不经也。

　　若温也则不能凉矣，宫也则不能商矣。形必有所分，声必有所属。故象而形者，非大象也；音而声者，非大音也。

　　然则，四形不象，则大象无以畅；五音不声，则大音无已至。四象形而物无所主焉，则大象畅矣；五音声而心无所适焉，则大音至矣。故执大象则天下往，用大音则风俗移也。无形畅，天下虽往，往而不能释也；希声至，风俗虽移，移而不能辩也。

是故天生五物，无物为用。圣行五教，不言为化。是以"道可道，非常道；名可名，非常名"也。五物之母，不炎不寒，不柔不刚；五教之母，不皦不昧，不恩不伤。虽古今不同，时移俗易，此不变也，所谓"自古及今，其名不去"者也。

天不以此，则物不生；治不以此，则功不成。故古今通，终始同；执古可以御今，证今可以知古始，此所谓"常"者也。无皦昧之状、温凉之象，故"知常曰明"也。物生功成，莫不由乎此，故"以阅众甫"也。

夫奔雷之疾犹不足以一时周，御风之行犹不足以一息期。善速在不疾，善至在不行。故可道之盛，未足以官天地；有形之极，未足以府万物。

是故叹之者不能尽乎斯美，咏之者不能畅乎斯弘。名之不能当，称之不能既。名必有所分，称必有所由。有分则有不兼，有由则有不尽；不兼则大殊其真，不尽则不可以名，此可演而明也。

夫"道"也者，取乎万物之所由也；"玄"也者，取乎幽冥之所出也；"深"也者，取乎探赜而不可究也；"大"也者，取乎弥纶而不可极也；"远"也者，取乎绵邈而不可及也；"微"也者，取乎幽微而不可赌也。然则"道""玄""深""大""微""远"之言，各有其义，未尽其极者也。然弥纶无极，不可名细；微妙无形，不可名大。是以篇云"字之曰道"，"谓之曰玄"，而不名也。

然则，言之者失其常，名之者离其真，为之者则败其性，执之者则失其原矣。是以圣人不以言为主，则不违其常；不以名为常，则不离其真；不以为为事，则不败其性；不以执为制，则不失其原矣。

然则，老子之文，欲辩而诘者，则失其旨也；欲名而责者，则违其义也。故其大归也，论太始之原以明自然之性，演幽冥之极以定惑罔之迷。因而不违，损而不施；崇本以息末，守母以存子；贱夫巧术，为在未有；无责于人，必求诸己；此其大要也。

而法者尚乎齐同，而刑已检之；名者尚乎定真，而言已正之；儒者尚乎全爱，而誉以进之；墨者尚乎俭啬，而矫以立之；杂者尚乎众美，而总以行之。夫刑以检物，巧伪必生；名以定物，理恕必失；誉以进物，争尚必起；矫以立物，乖违必作；杂以行物，秽乱必兴。斯皆用其子而弃其母。物失所在，未足守也。

然致同涂异。至合趣乖，而学者惑其所致，迷其所趣。观其齐同，则谓之法；睹其定真，则谓之名；察其纯爱，则谓之儒；鉴其检本，则谓之墨；见其不系，则谓之杂。随其所鉴而正名焉，顺其所好而执意焉。故使有纷纭愦错之论，殊趣辩析之争，盖由斯矣。

又其为文也，举终以证始，本始以尽终；开而弗达，道而弗牵。寻而后既其义，推而后尽其理。善发事始以守其论，明夫会归以终其文。

故使同趣而感发者，莫不美其兴言之始，因而演焉；异旨而独构者，莫不说其会归之征，以为证焉。夫途虽殊，必同其归；虑虽百，必均其致。而举夫归致以明治理，故使触类而思者，莫不欣其思之所应，以为得其义焉。

凡物之所以存，乃反其形；功之所以尅，乃反其名。夫存者不以存为存，以其不忘亡也；安者不以安为安，以其不忘危也。故保其存者亡，不忘亡者存；安其位者危，不忘危者安。善力举秋毫，善听闻雷霆，此道之与形反也。安者实安，而曰非安之所安；存者实存，而曰非存之所存；侯王实尊，而曰非尊之所为；天地实大，而曰非大之所能；圣功实存，而曰绝圣之所立；仁德实著，而曰弃仁之所存。故使见形而不及道者，莫不忿其言焉。

夫欲定物之本者，则虽近而必自远以证其始。夫欲明物之所由者，则虽显而必自幽以叙其本。故取天地之外，以明形骸之内；明侯王孤寡之义，而从道一以宣其始。故

　　　　　　　　　　　　　　解读《老子》

使察近而不及流统之原者，莫不诞其言以为虚焉。是以云云者，各申其说，人美其乱。或迂其言，或讥其论，若晓而昧，若分而乱，斯之由矣。

名也者，定彼者也；称也者，从谓者也。名生乎彼，称出乎我。故涉之乎无物而不由，则称之曰道；求之乎无妙而不出，则谓之曰玄。妙出乎玄，众由乎道。故"生之畜之"，不壅不塞，通物之性，道之谓也。"生而不有，为而不恃，长而不宰"，有德而无主，玄之德也。"玄"，谓之深也；"道"，称之大者也。名号生乎形状，称谓出乎涉求。名号不虚生，称谓不虚出。故名号则大失其旨，称谓则未尽其极。是以谓玄则"玄之又玄"，称道则"域中有四大"也。

老子之书，其几乎可一言以蔽之。噫！崇本息末而已矣。观其所由，寻其所归，言不远宗，事不失主。文虽五千，贯之者一；义虽广瞻，众则同类。解其一言而蔽之，则无幽而不识；每事各为意，则虽辩而愈惑。

尝试论之曰：夫邪之兴也，岂邪者之所为乎？淫之所起也，岂淫者之所造乎？故闲邪在乎存诚，不在察善；息淫在乎去华，不在滋章；绝盗在乎去欲，不在严刑；止讼存乎不尚，不在善听。故不攻其为也，使其无心于为也；不害其欲也，使其无心于欲也。谋之于未兆，为之于未始，如斯而已矣。

故竭圣智以治巧伪，未若见质素以静民欲；兴仁义以敦薄俗，未若抱朴以全笃实；多巧利已兴事用，未若寡私欲以息华竞。故绝司察，潜聪明，去劝进，剪华誉，弃巧用，贱宝货。唯在使民爱欲不生，不在攻其为邪也。故见素朴以绝圣智，寡私欲以弃巧利，皆崇本以息末之谓也。

夫素朴之道不著，而好欲之美不隐，虽极圣明以察之，竭智虑以攻之，巧愈思精，伪愈多变，攻之弥甚，避之弥勤。则乃智愚相欺，六亲相疑，朴散真离，事有其奸。盖舍本而攻末，虽极圣智，愈至斯灾。况术之下此者乎！

夫镇之以素朴，则无为而自正；攻之以圣智，则民穷而巧殷。故素朴可抱，而圣智可弃。夫察司之简，则避之亦减；竭其聪明，则逃之亦察。简则害朴寡，密则巧伪深矣。夫为能至察探幽之术者，匪唯圣智哉？其危害也，岂可记乎！故百倍之利未渠多也。

夫不能辩名，则不可与言理；不能定名，则不可与论实也。凡名生于形，未有形生于名者也。故有此名必有此形，有此形必有其分。仁不得谓之圣，智不得谓之仁，则各有其实矣。夫察见至微者，明之极也；探射隐伏者，虑之极也。能尽极明，匪唯圣乎？能尽及虑，匪为智乎？校实定名，以观绝圣，可无惑矣。

夫敦朴之德不著，而名形之美显尚，则修其所尚而望其誉，修其所道而冀其利。望誉冀利以勤其行，名弥美而诚愈外，利弥重而心愈竞。父子兄弟怀情失直，孝不任诚，慈不任实，盖显名行之所招也。患俗薄而名行、崇仁义，愈至斯伪，况术之贱此者乎？故绝仁弃义以复孝慈，未渠弘也。

　　夫城高则冲生，利兴则求深。苟存无欲，则虽赏而不窃；私欲苟行，则巧利愈昏。故绝巧弃利，代以寡欲，盗贼无有，未足美也。夫圣智，才之杰也；仁义，行之大者也；巧利，用之善也。本苟不存，而兴此三美，害犹如之，况术之有利，斯以忽素朴乎！

　　故古人有叹曰：甚矣，何物之难悟也！既知不圣为不圣，未知圣之不圣也；既知不仁为不仁，未知仁之为不仁也。故绝圣而后圣功全，弃仁而后仁德厚。夫恶强非欲不强也，为强则失强也；绝仁非欲不仁也，为仁则伪成也。有其治而乃乱，保其安而乃危。后其身而身先，身先非先身之所能也；外其身而身存，身存非存身之所为也。功不可取，美不可用。故必取其为功之母而已矣。篇云"既知其子"，而必"复守其母"。寻斯理也，何往而不畅哉！

王弼

.

图书在版编目（CIP）数据

解读《老子》/ 傅佩荣 著 . — 北京：东方出版社，2023.5

ISBN 978-7-5207-2663-4

I. ①解… II. ①傅… III. ①道家②《道德经》—研究 IV. ① B223.15

中国版本图书馆 CIP 数据核字（2021）第 276004 号

解读《老子》

（JIEDU LAOZI）

作 者：	傅佩荣	
责任编辑：	王夕月	
出 版：	东方出版社	
发 行：	人民东方出版传媒有限公司	
地 址：	北京市东城区朝阳门内大街 166 号	
邮 编：	100010	
印 刷：	三河市九洲财鑫印刷有限公司	
版 次：	2023 年 5 月第 1 版	
印 次：	2024 年 8 月第 3 次印刷	
开 本：	710 毫米 ×1000 毫米 1/16	
印 张：	20.75	
字 数：	120 千字	
书 号：	ISBN 978-7-5207-2663-4	
定 价：	78.00 元	
发行电话：	（010）85924663 85924644 85924641	

傅佩荣

当代著名哲学家。1950 年生，祖籍上海，台湾大学哲学系教授。历任台湾大学哲学系主任兼研究所所长，比利时鲁汶大学、荷兰莱顿大学讲座教授。早年师从哲学大家方东美先生，后于耶鲁大学深造，受教于余英时先生，继而执教欧洲。

曾在央视"百家讲坛"讲授《孟子的智慧》；凤凰卫视主讲《国学的天空》；山东卫视"新杏坛"任首席主讲人。曾被台湾地区《民生报》评选为大学最热门教授；台湾地区最高文艺奖得主。近年来在"得到 APP"开设《傅佩荣的西方哲学课》；在"喜马拉雅 APP"开设《道德经》《易经》《庄子》等精讲课程。傅教授态度真诚，语言幽默，说理清晰，能使听者不倦、相悦以解，从而将国学讲得生动又贴近人心，为当代人提供了阅读国学原典的简易方法。

傅教授兼具中西文化之深厚学养，以哲学建构和逻辑分析的眼光，站在中西文化的制高点上诠释中国传统经典的现代意义，搭建起东西方思想的桥梁，视野辽阔深远，堪称中西文化之摆渡者，在当今学术界享有盛名。

傅教授潜心研究传统经典五十年，撇开成见和定论，多有建树。目前已出版《哲学与人生》《国学的天空》《易经入门》《国学与人生》《四大圣哲》，傅佩荣解读经典系列、傅佩荣详说经典系列等图书逾百种。